甘肃人民出版社成立60周年
《读者》杂志创刊30周年 系列丛书

胡亚权

读者往事

读者出版集团
DPGC.L
甘肃教育出版社

图书在版编目（CIP）数据

《读者》往事 / 胡亚权著. -- 兰州 ：甘肃教育出版社，2011.4
ISBN 978-7-5423-2446-7

Ⅰ. ①读… Ⅱ. ①胡 … Ⅲ. ①期刊 — 编辑工作 — 中国 — 文集 Ⅳ. ①G237.5-53

中国版本图书馆CIP数据核字（2011）第045730号

责任编辑：吴洁琼
封面设计：胡亚权

《读者》往事
胡亚权 著
甘肃教育出版社出版发行
（730030 兰州市南滨河东路520号）
www.gseph.com 0931-8773255
兰州新华印刷厂印刷
开本 880 毫米×1230 毫米 1/32 印张 12.25 插页 2 字数 186 千
2011 年 4 月第 1 版 2011 年 4 月第 1 次印刷
印数：1 081~2 080
ISBN 978-7-5423-2446-7 定价：48.00 元

序

《读者》创刊30年了。30年来，《读者》杂志始终保持着心灵读本的品位，传承了雅俗共赏的风格，一直受到广大读者的喜爱。

在这样一个值得纪念的日子里，胡亚权、郑元绪、彭长城三位同志都有新作即将付梓，我在这里表示祝贺！1981年4月，在时任甘肃人民出版社总编辑的曹克己同志领导和主持下，胡亚权、郑元绪创办了《读者文摘》。次年彭长城同志到编辑部，从那时起，亚权、元绪和长城同志一直在为这本期刊工作，三个人都是编辑出身，后来渐次主持《读者》杂志的工作。亚权、元绪在《读者》杂志前后工作了十四五年，亚权现为省政府参事，元绪已退休多年了。长城同志现为读者出版集团的副董事长和读者出版传媒股份有限公司的总经理。可以说，这三位同志不但是《读者》三十年发展壮大的见证人，而且是《读者》三十年栉风沐雨的亲历者，他们是《读者》的塑造者、操盘手和掌门人。是他们与几代读者人一起，在甘肃这片贫瘠的土地上，创造了《读者》发行量亚洲第一、世界第四的奇迹。

读着书稿，时不时地被他们对《读者》杂志舐犊情深般的热爱与眷恋所感染；时不时地被扑面而来的职业出版人的忠诚与坚定而感动；而当读到他们当年办刊、营销的几多经验体会时，又会感悟到《读者》成功中的智慧与艰辛。

初来甘肃工作时，同外地的朋友谈起《读者》杂志，常常是一些人知道《读者》却不知道《读者》在甘肃，当我告之这个事实后，有人脸上会露出莫名的诧异。这些年来，由于工作的关系，我直接参与了2006年1月读者出版集团（原甘肃人民出版社）的转企改制，指导了2009年12月的读者出版集团股份制改造，也见证了《读者》发行量突破1000万份的时刻，还与《读者》的同志一起，到美国和宝岛台湾搞过《读者》海外市场的拓展，使我对《读者》有了更多的了解。对于《读者》这样一个大刊、名刊为什么生长在甘肃这个问题，也渐渐找到了答案。简言之，甘肃的悠久丰厚的文化资源是培育《读者》的肥沃土壤，甘肃特有的文化精神是催生《读者》并使它发育成长的支撑。甘肃是中华文化的资源宝库。史前文明的大地湾文化上溯历史8000年，古丝绸之路横贯甘肃全境，敦煌是全人类的文化瑰宝，红军长征会宁会师，西路军血战河西，还为甘肃留下了许多红色文化资源。如此丰富的文化土壤滋养了一代一代甘肃的文化人，也不断深化着他们的文化内涵，形成了甘肃的文化精神。这种精神在《读者》这个杂志上得到了比较典型的体现。一是包容。甘肃的文化从根上说就是开放包容的。1600年前，莫高窟初建，敦煌成为中华文化与基督教文明、伊斯兰文明相互碰撞的一个交汇点，北方和西域少数民族在这块土地上逾千年的进退战和，形成了区域文化的多元特点。《读者》也是包容的，文摘类刊物必须兼收并蓄，《读者》的LOGO就是一个采集百花的小蜜蜂。开放包容成为《读者》30年来坚持不辍的一个办刊指针。二是坚韧。自唐以降，甘肃的自然条件、生态环境逐渐恶化，清时被李鸿章称：天下贫瘠者无如陇右。世世代代的甘肃百姓无一不是穷毕生之力与严酷的自然相抗争，因为只有这样才能生存。这样的存在上升为意识，就是“人一之，我十之，人十之，我百之”的甘肃精神，也就是肯于付出，长于坚持。读者人是坚韧的，三十年来，刊物越办越好他们没有沾沾自喜，家底越来越厚他们仍在过紧日子，“快餐文化”来了他们不跟风，时下高返点、大回扣的营销手段他们不追捧，始终坚守“内容为主，读者至上”的理念。似乎有些“老旧”，有点“迂腐”，但正像彭长城同志在书中所讲“一生只做一件事，任尔东西南北风”。三是创新。有交流碰撞就有创新。甘肃的文化是开放包容的，读者的精神是坚持创新的。逻辑是如此，事实亦如此。《读者》要打造“百年老店”，这是读者人的共识；纸质媒体受到新媒体的多重挑战，要想保持竞争优势必须创新，这也是读者人的共识。读者人迈开脚步了，尽管还没有甩开膀子、迈开大步，但每一步都是扎实的。读者电纸书出来了，读者新媒体大厦在建设中，核心期刊群、数字出版、动漫、物流等业务版块的集团产业规划也是呼之欲出。

借彭长城同志《让〈读者〉御风而行》、胡亚权同志《〈读者〉往事》、郑元绪同志《读稿笔记》三本书出版之际，谈了些对《读者》的认识，这也是《读者》给我的教益。再次对三位《读者》的掌门人及全体读者人表示由衷的敬意！

祝愿《读者》杂志越办越好！

权为序。

（中共甘肃省委常委、宣传部长）

2011.3.26

目录

上卷：《读者》解读

中卷：刊物的事

下卷：飞鸿雪泥

我一生与杂志有缘。1980—1985年《读者文摘》到初创期，1985—1992年组织《故事作文月刊》改刊、创办《妈妈画刊》，1994—2000年《读者》发展期，2001—2004年《读者欣赏》初创期。

上卷：《读者》解读

《读者文摘》创刊号，1981年

解读《读者》

——写在《读者》创刊20周年之际

（《读者》2001年第8期）

办期刊是一种智慧的活动，大到纵横捭阖，小到细枝末节；明处须直面公众，暗处应精心策划；朝前要展望未来，朝后要洞悉历史，缺乏智慧怎么能行？

办刊又是一种冒险。冒险的乐趣在于永无止境，每天都做着明天的事，面临数不清的问题和挑战，仅从大把问题堆里理出其至要者，并机敏地处理好，已属不易。列宁说过，一个傻瓜提出的问题，要比十个聪明人提出的还要多。你首先得试着当傻瓜，然后再练出一身解决难题的本事。慢慢会悟出这么一个道理：提出问题不算本事，解决问题才算本事，漂亮地解决问题那算是真本事。好在，经验是在痛苦中被记住的。我们摸爬滚打，已有二十余年，最有效的经验可称之为收获，收获以外的经验只能算作教训，而教训的价值是很卑微的，所以宁可把经验二字换成体验来说，更显得自然和贴切些。所谓经验往往是不可学的，要靠自己去创造；体验可以说是脚和鞋子的关系，只有自己知道合适不合适。

办刊还可算是一种游戏，一旦你制定了游戏的规则，你就得赌下去，输赢在所不惜。胜面大一些，表示你技艺还行，或曰运气颇好。但是切记，你不得随意改变规则，否则你将玩完。因为历史将忠实地记下你的胜率和败绩，且毫不留情。

写到这里想到一位旅美华人画家对我说过的一句话，美是一种过程。很久以后我才琢磨出这句话的含意。我们所做的事，一旦被人们认为是有价值的，有意义的，那么，整个过程就是一种美。这种美包含了所耗费的神智，所经历的痛苦、辛劳，鲜为人知的所有不安和期盼，以及成功后的百感交集。这样，便产生了所谓的历史。从这个意义上讲，历史只是过程的再现。

换言之，历史总归是过去，不可能是面对未来的灵丹妙药，所以我们仍在学习着，探索着，进取着，收获着，扬弃着，永无休止。

我接触过的作家、记者和朋友们，对我这类人常有一比。有人比做儒家，又说不像；好几个比做道家，有庄子倾向，也觉不妥。只有一位将我们比做堂吉诃德，我比较认同。我们的所有行动和作为，在许多人看来是不现实的，充其量只是一种善良的冒险。塞万提斯在四百年前写这本书并塑造这位人物时，不知作何想，但我认为，那位现代骑士的思维方式之纯真善良和行为的执著与认真，是人类在欢笑之余可以无尽地去汲取的。妙就妙在，在那本巨著里，理想是现实的，而现实却是理想的。堂吉诃德永远生活在理想和现实之间。

《读者》从无到有，从小到大的过程，使我想到黑格尔的著名哲学命题：存在的就是合理的，合理的就是存在的。《读者》从存在得合理，到合理地存在，走过了一条极不平凡的路。《读者》在改革开放之初诞生，生逢其时；《读者》吸引千万读者并得到认同，喜逢挚友；《读者》还以自己固有的气质成长着，标格鲜明。这三点，可视为《读者》取得成功的根本理由。

在一篇回顾《读者》的文章中，我曾这样说过：

编辑部从来没有把《读者》当做48页印刷纸去看待，而是把她当做一个活生生“人”去培养。我们把《读者》人格化，努力使她有思想，有追求，有风骨，有情致，有志趣，有格调，有性格，有风韵，有自己的喜怒哀乐，有自己的幸福家园，有自己的自然环境和自己的祖国。她简直就是一位中国公民。

公民《读者》有一些自己的见解。她主张多元文化的共存。在坚持以中华文化为主线的前提下，又力图把中华文化置入世界文化的大构架中。她恪守了中国风格，同时对外来文化持包容和吸纳的态度，不妄自尊大。在多元文化中，《读者》还强调文化的综合性，设法在文学、艺术、历史、人文、科普等人文科学和自然科学等各个领域，体现文化的文明本质以及它的地域性、民族性、互补性、交叉性、传承性和永恒性。《读者》还试图在高雅和通俗之间打通一条管道，弥合两个极端之间的鸿沟。

《读者》的精髓在哪里？

首先，《读者》是人性的。《读者》抓住人性这个主题不放，试图从多方面诠释之。在人性的大主题中，《读者》选择了真善美的人性追求，一以贯之地铺陈和展示，乐此不疲。她试图找到一种独特的表达方式，通过那些优美的故事、文字和图画，感染人们，轻轻触摸到各色人等心灵的最软处，使人们从中得到领悟、抚慰、联想、净化、认同、关爱甚至援助的阅读乐趣。

其次，《读者》是理性的，她既入世而又出世，永远用一种思索的神态看待这个纷纭世界。她力求客观地表达发生在世界上的许多事，但不去表露自己的观点和好恶。《读者》的内容编排长期没有大的变化，但思想却是十分活跃和冷静的，连那些好似信手拈来的小小补白，也须经过反复筛选，绝不随意。对于文摘这类二次文献杂志，要做到这一点，除了技巧，更重要的是编辑的思想和责任心两种理念。

第三，《读者》是知性的。在她成长的每一步，都表现出一种小心翼翼的探索。她注视着世界的变化，和中国读者一道携起手来前进。试着保持一种与时代的同步，甚至微微的超前。她再现历史，是为了今天的进步；她表达现实，目的是面朝明天。张伯海先生说过，她在提高读者的同时，也在提高自己。

第四，《读者》是平民性的。她只是一介平民，和老百姓一样生活和呼吸。她视读者为朋友，而不是所谓“上帝”；读者待她如知己，可诉说衷肠，亦能鼎力相助。《读者》服务读者的精神、回报读者的行动、高质低价的策略，都来自此种缘分。所以，《读者》对教育的支持、对环境保护的号召，都得到广大读者的理解认可和热烈响应，并取得了巨大成功。

简言之，《读者》体现了一种看似超然，实则亲近的人文关怀。作家李书磊评价《读者》时说，她的这种诗意的情调实际上代表着人生的正统。她小心翼翼地守护着人类自身存在的绝对认可。

《读者》的长盛不衰，一直受到媒体界关注，并把这种状态称之为“《读者》现象”。这种过誉，更使她蒙上一层神秘的面纱。青年作家师永刚早有解读“《读者》现象”的冲动。他花了三个月时间作了认真采访，想了想，然后用他自己的视角，自己的观点，自己的感受，写成了这部名为《读者时代》的书稿。他的一些过激的结论和放大了的称赞，实不敢苟同，但我可以向读者负责地说，事件和事实基本是准确的。

《读者》的历史好像是一个谜，这个谜今天已大致被揭开。《读者》的未来又是另一个谜，这个谜面正在制作着。将后的谜底，只能由读者帮她去揭开，但愿这个谜底是更美好的。

（为师永刚《读者时代》所写的代序，该书于2001年4月中旬由上海人民出版社出版发行；本文还被《光明日报》等报刊多次转载或选载）

《读者》的历程

（《读者》200期纪念刊）

17年前，甘肃人民出版社总编辑曹克己提出了一个重要的发展思路——创办期刊，走“以刊养书”的路。之后，在社党委和全社职工的共同努力下，《飞碟探索》《读者文摘》《老人》等期刊先后在兰州诞生。

当时的形势是党的十一届三中全会召开两年多，百业待兴。出版业开始复苏，报刊业动作更快，一些老牌报刊纷纷复刊，全国都在兴办新的报刊。可是甘肃因其经济落后、交通不便、文化人分散等弱项，办刊有点捉襟见肘。于是我们分析形势，展望未来，试图找出一个切入点。从调查研究中发现，中国的报刊将以数量翻番的速度发

1983年，编辑部三人。左起：郑元绪、胡亚权、彭长城

2009年的郑元绪、胡亚权、彭长城

展，必然会导致读者眼花缭乱、无所适从，是其一；甘肃虽然经济落后，但她有深厚的历史文化底蕴，是其二；号称移民城市的兰州不乏有志有为有胆有识的知识分子，是其三。这些论证使我们信心十足，提出创办综合性文摘杂志的构想。《读者文摘》便在1981年4月诞生了。事业是由两名学理科的年轻编辑在极为简陋的条件下做起来的。

这份杂志的问世，无疑为甘肃人民出版社辟出一条蹊径。经过三四年的艰苦努力，读者惊奇地发现，这份杂志好比在“文革”形成的文化断层之上架设的一座桥梁，桥头是一方《读者》绿园。或带着疑虑、或无所适从、或跃跃欲试、或初出茅庐的各种善良的数以百万计的中国读者选择了《读者》这方绿园，来这里休憩、充氧，享受清新的精神阳光。《读者》的月发行量由创刊号的10万册，一路攀升到今天的400万册，居中国杂志发行量的前列。

《读者》之路是成功的。之所以成功，我想大致有三方面的理由：

第一条理由是，党的改革开放政策的大环境使“双百”方针真正落到了实处。另外《读者》的发展，始终得到各级党政和有关部门的支持、关心和帮助。

第二条理由是，编辑部从来没有把《读者》当做48页印刷纸去看待，而是把《读者》当做一个活生生的“人”去培养。我们把《读者》人格化，努力使她有思想、有追求、有风骨、有情致、有志趣、有格调、有性格、有风韵，有自己的喜怒哀乐，有自己的幸福家园，有自己的自然环境和自己的祖国。她简直就是一位中国公民。那么，这位《读者》公民有什么特点呢？她像中国人那样的真善美，那样的含蓄典雅，那样的脊直骨清，那样的勤劳勇敢……她既像一位年长的哲人，保持了对人类和环境的忧患，又像一位踌躇满志的青年，充满了对人类至爱的关注和对社会前途的思虑；她还像一位历经磨难的成人，对人性的诠释保留着激情。

第三条理由是，《读者》从来把广大读者视为自己的挚友。众所周知，本刊是文摘杂志，我们发动读者参与选稿投稿，充分调动读者的参与意识，让大家真切地感受到《读者》是读者自己的刊物。有这样的共识，从广大读者到编辑部，没有一个人不像爱护自己的眼睛一样呵护这份杂志。编辑部在做好读者工作方面付出了大量的努力，比方“有问必答”、“服务优先”的原则，都在读者朋友的心目中留下了深刻的印象，营造了和谐愉快的氛围。

《读者》的朋友还包括邮局、书亭、印刷厂的数万名职工，更包括国内外的著名作家和出版者、报刊社及合作伙伴的同仁们。

《读者》的17年历程是充满艰辛的。很少有人知晓编辑人员夜以继日地编辑选稿，牺牲了多少个节假日；也很少有人知道印刷工人、邮电职工、运输职工无论炎夏酷暑为不误时效而挥汗如雨的场景。当读者发现新一期《读者》的身影，珍重地带回家中，享受油墨的书香时，心中弥漫着一种幸福感。这正是编印发职工的心愿。

在共和国改革开放的过程中，《读者》也在成长。

回过头看，《读者》杂志大体经历了三个阶段。第一阶段初创期（1981—1984）。最重要的工作是确立了“博采中外，荟萃精华，启迪思想，开阔眼界”的办刊宗旨。选择了让读者参与的大众办刊方针。还进行了基本准确的定位。杂志的定位是四高（高起点、高品位、高格调、高水准），是一份精品杂志。读者的定位是一基本一核心（具有高中以上文化水平的青年读者为本刊的基本读者；大学生是本刊的核心读者）。由于宗旨、方针、定位的确立，使杂志的构架异常坚实。

初创期是艰辛的，我们白手起家，在干中学，很快奠定了编刊手法和杂志风格，形成了《读者》的特色。这就是以人为中心的真善美主题和以中国读者为对象的清新雅设计。这些举措迅速地赢得了高水平的读者，在北京、南京、成都、上海等文化色彩浓厚的城市获得了认同。

第二阶段成熟期（1985—1990）。杂志的风格趋于老练，形式相对固定。杂志的固定读者群形成，月发行量保持在150万册左右。对《读者》的内容进行了调整，加强了爱国主义的主线，增强精品意识以适应读者从饥不择食型向脍不厌细型的转换。杂志还制定了“低价高质，让利于读者”的定价策略。编辑部以“敬业爱刊”的精神凝聚在一起。

第三阶段发展期(1991—1997)。进入90年代，随着国家对报刊的整顿、市场开始净化，环境良好，《读者》杂志第二次腾飞，月发行量1991年、1992年、1995年连续突破200万、300万、400万大关，并稳定在400万册的水平上，进入中国期刊发行量前三名的位置，连续数年居于16开期刊之首。杂志的影响波及全球华人圈，赢得了良好的声誉，并在1994年底受到甘肃省委、甘肃省政府的隆重嘉奖。1997年《读者》被国家新闻出版署确定为“全国百种重点社科期刊”之一。

这一阶段的《读者》已成为精品期刊，被视为中国最有影响的期刊之一。90年代，国家改革开放取得了巨大的成果，时代产生了质的飞跃，市场经济从酝酿到启动。针对新的形势，杂志的内容有了新的调整，一改80年代的“象牙塔”风格，开始关注社会和时代。编辑部提出了“贴近时代、贴近社会、贴近读者”的口号，注意加强文章的三度(深度、广度、力度)。这种及时的微调，适应了本刊读者群的年轻化和读者口味的高档追求趋势。 这一阶段，我们还成功地处理了更名、提价、分印、广告等问题。1994年，杂志社成立，在编辑部以外增设了经营部，建设了自己的电脑排版系统。杂志进入了良性循环阶段，逐步地增强了实力，完善了自身，取得了良好的社会效益和经济效益。

在《读者文摘》的初创期，杂志为长期封闭的思想文化界打开了一扇通向世界的小窗，借他山之石以填补那条文化断层之鸿沟。到杂志的成熟期，杂志的爱国主义脊梁形成。现在，杂志步入发展期，表现了对社会和时代的深切关注。这次《读者》推出电子出版物，标志着杂志向更广泛的多媒体介质迈进了新步伐。人们从这道轨迹中，可以清楚地窥见《读者》的成长历程。17年前根植于黄土高原的一棵小树，如今已变为成荫大树，这便是《读者》。

综观《读者》的发展历程，人们总是不约而同地提出一个问题：为什么在黄土高原上，会办出《读者》这样高品位的刊物，她成功的秘诀究竟何在？我的第一种回答是：时也、运也、人也、志也。《读者》在改革开放初期诞生，正值国运祚兴，全体同仁把办刊当做神圣的事业，全身心地投入，使《读者》顺应了祖国繁荣的大势。这是《读者》的幸运之处。进一步讲，世界上成功的事业从来都是一些仁人志士做起来的。杂志社以《读者》为旗，吸纳、聚拢、培养和造就了十数位优秀的编辑人才。他们以高度的觉悟、强烈的事业心、敏锐的眼光、不计名利的平和心态，长年坚守自己的信念，默默地为杂志做着奉献。我们努力使杂志社的同志们成为热爱祖国、热爱自然、兴趣广泛、好学不倦，对读者充满爱心的通博型人才。魏明伦评价我们是一批“无名有为之士”，我想是比较精当的。再进一步讲，杂志所在地甘肃兰州地处大西北中心位置，建国前长期的战乱和生态的恶化，使这块土地上的人民长期贫穷落后。可是人们并不熟知甘肃的人文环境和深厚的历史底蕴。中华先民开疆以来，这里就是中原文明的示范地区，丝绸之路上的驼铃声交汇着中西文化的律韵。我多次对来访的客人提议：沿着丝绸之路去敦煌莫高窟采风，回兰州后，你就可以得出为什么在甘肃会产生《读者》的答案了。

从根本上讲，《读者》的意义在于成功地建造了开放型的优秀文化构架。她以中华优秀文化为主体，但不排斥西方文化。相反，她成功地把中西文化融合为一体，使自己取得了世界文化公民的资格。读者在长期阅读这本杂志后，既能体会到一个中国人的荣耀，又能体会到人格的尊严、人性的完美、情操的高尚、对人类命运的关怀，以及对充满无限生机的大自然的热爱。阅读《读者》是一种愉悦、一种净化、一种完善、一种升华……也许，这就是办刊者的初衷和秘诀。今天，《读者》80年代的“老”读者们，大都已成家立业、事业有成。有的虽漂洋过海，但在地球的另一边仍旧阅读着这份杂志。《读者》90年代的“新”读者，即将成为下一个世纪祖国的栋梁。有人说“《读者》影响了整整一代人”，这真有点出乎意料，也是我们值得庆幸的事。

广大读者可能会问到《读者》的未来究竟如何？我们的回答是：《读者》永远和祖国联系在一起。我们看到的将是杂志的繁荣和昌盛，广大读者的祥和与幸福。让我们共同祝愿吧！

《读者》办刊之道

（《中国出版》1995年第1期）

一、独辟蹊径

《读者》原名《读者文摘》，创办于1981年。筹办时，全国正处于百业待兴时期，出版业主要是恢复和重建，杂志不到200家。许多“文革”中停刊的杂志正在复刊，也有许多家出版社正在筹办新的杂志。那么，甘肃办什么杂志好呢？甘肃地处大西北，经济落后，文化不很发达，作者队伍较弱，只有编辑实力可以有竞争的余地。利用我们的编辑优势，找出空白点，独辟蹊径，做别人没有想到的事是正确的办刊思路。于是创办起一份集众家之长的文摘性刊物，这就是《读者文摘》。

二、坚持宗旨

《读者文摘》的宗旨是16个字：博采中外，荟萃精华，启迪思想，开阔眼界。这一宗旨体现为四个方面：其一选材要广， 古今中外，无所不包；其二，内容要精，高水准、高品位，是经得住历史考验的人类文化精品；其三，对读者不是说教，也不是训示，而是启迪、影响和无形的熏陶；其四，最终达到让读者了解社会，了解时代，了解世界发展的目的。宗旨一旦确定，我们就坚定地贯彻。13年来，一直如此。我们有一句话："不以动荡而移神，不求媚丽而争宠。"但是，在宗旨的范围内，也要适应社会发展，进行必要的"微调"。《读者文摘》自1990—1994年这几年，主要在切入时代、贴近社会、贴近读者上进行了"微调"，取得了成功。

三、把握读者群

任何杂志都有自己特定的读者群。必须调查清楚，不可盲目。要时刻想着为哪些人办这份杂志，甚至要站在基本读者的立场上看待这份杂志，然后全心全意地为自己的读者服务，才能成功。《读者文摘》创刊时，对读者进行了定位。她的读者是具有高中以上文化水平的读者。这是一个大读者群体。但这还不够，我们又找准一个"核心层面"，这就是大学生。因为大学生有较好的辐射效应，上可辐射到高级知识分子；下可辐射到中学生；左右可辐射到家庭及社会上的青年人。这种定位就界定了《读者文摘》具有一个潜在的巨大读者群。经过十多年的发展，说明开始时的定位是正确的。

四、以质量为唯一目标

一般办杂志的人总是追求发行量。可是从《读者文摘》到《读者》，编辑部从来都不去单纯追求发行量，而把全部心智都用到提高质量上去了。因为我们认定，质量和发行量之间是因果关系，有了上乘质量，才能伴之而得到大的发行量。质量不是一个空洞的概念，它包括了杂志的内涵、风格、品位等内容。《读者》的内涵，选文以真、善、美为主；《读者》的风格，清、新、雅；《读者》的品位，隽永和高格调，历久弥新。我们研究读者的购买和阅读心理。每一期杂志上市，读者老远就能发现《读者》的封面，其他杂志好像是背景一般将她衬托或突出出来。当读者拿到杂志后，先要随手翻开24页、25页，看看漫画、中插，急迫地带回家，细细看下去……第一篇文章将很吸引你，中间是轻松的过渡，又一篇文章……这种文章的编排，要有一定技巧。换句话说，千方百计使读者在阅读一期《读者》时，得到一次完美的精神享受。

五、加强与读者的联络工作

《读者文摘》创刊号四封，已经具备了宗旨、栏目、歌曲、美术欣赏等基本样式形态

通常，社会上有一种说法，叫做“顾客是上帝”。杂志社也往往引用之。《读者》杂志并不这么认为，我们的口号是“读者是《读者》的朋友”，或曰“《读者》是读者的朋友”。视读者为杂志的朋友，而不是上帝，原因是，如果把读者当上帝，那么杂志就得敬畏读者，无条件地服从读者。就杂志而言，这是不成立的。我们视读者为朋友，含意之一是：《读者》与其说是一份编辑办的刊物，不如说是一份靠读者办的同仁刊物。我们发动读者推荐稿件，依靠读者的投稿。效果是读者像爱护自己的孩子一样爱护这份刊物，如果刊物出了差错，批评意见、电话，就纷纷来到。读者不允许他们心目中的《读者》有缺点。视读者为朋友，含意之二是：要真正把读者当做朋友去交往，这就是做好通讯联络工作。有句话叫做“有钱难买回头客”，说的是餐饮业。这句话我们也铭记于心。《读者》杂志有一个好的传统，就是每当读者来信，总是有信必复，尽管有一部分信件是与杂志无关的。特别是批评意见、建设性意见，更是认真对待，诚恳地向读者致意。这种做法给读者以真诚，给读者以温馨，长此以往，赢得了读者的信任，收效甚大。往往有些读者一边来信发誓说再也不看《读者》了，同时一边又在投稿推荐。编辑们深深感动：真是可爱的读者啊！

六、引导和迎合

《读者》杂志拥有千万读者，而对这么大的读者群，编刊越来越难。因为读者众多，口味和阅读欣赏水平有很大的区别，有地域上的，有城乡之间的，有文化差异上的，有所处环境差距上的，真是形形色色。形形色色的读者会依各自的不同立场和对杂志的不同理解向你提出各种各样的要求。同是一篇文章，常会有截然不同的两三种反映。一派认为好，另一派会大骂。还有不少读者会提出各种各样的要求，要你登什么或不登什么。问题看来很复杂，但是仔细分析，就会发现这其实是一个引导还是迎合问题。《读者》依照自己的宗旨办刊，不迎合少数读者的某些口味。编辑部认为，我们的宗旨和读者的水准界定了《读者》的选材范围和办刊方略，不能超出这两条。《读者》要力求在启迪国人向上，为社会主义建设事业奋斗，教育和影响下一代人，培养他们的美好品德上下工夫。低俗、庸俗的口味，猎奇追风的倾向，应力求防止和克服。

七、注意办刊技巧

办杂志是一门艺术，有许多技巧。但这些技巧必须服从杂志本身的特性。杂志是介乎报纸与图书之间的一种连续性出版物，应具有内容的连续性、栏目的灵活性、文章的权威性三大优势。办刊者要充分利用这三大优势。

连续性，可以选登连载性的文章或呼应式的文章。这些文章不受过多的时间限制。在办刊时，可利用这一点造成适度的饥渴感。让读者读完这一期还要购买下一期。灵活性，体现在栏目设置上要考究、明确。给读者以明晰亲切之感。再者，编排上要有节奏感，要努力方便读者的阅读，使他们读起来赏心悦目。节奏感还体现在文章编排的起伏上，比如在沉重的文章之间夹之以轻松，在严肃的文章之间，辅之以幽默。甚至要考虑读者分几天几次阅读的问题等等。权威性，则主要体现在文章内容和资料数据的翔实可靠上。杂志社要有自身的资料库，将一些重要资料收集起来，以备查考，还要有必要的权威工具书。我们在这方面做得比较差，正在加强这一方面的工作。

八、主编的作用

杂志的主编是极重要的。一份杂志中，主编所担任的角色既是“编导”，又是“制片人”，他要执行上级主管部门所制订的办刊宗旨，并贯彻到每一期的每一个环节；他要经营这一份杂志，使之能够维持下去，并有发展；他还要研究同类刊物及全国乃至世界的杂志走势，为自己从事的工作制定短期和长期战略目标；他要组织领导好整个杂志社的各个部门，特别是编辑部门。真可以说是任重道远。

杂志社的主编应当具备较高的素质，这包括：

1. 熟悉编辑工作，有长期的编刊经验；

2. 深刻理解办刊的宗旨，并能采取有力手段使之贯彻；

3. 能组织整个杂志社全体同仁共同为杂志的发展而发挥各自的

盲文出版社领导郭文山（左三）来兰州拜会甘肃人民出版社领导张正杰（左四）、陈绍泉（左五），1998年

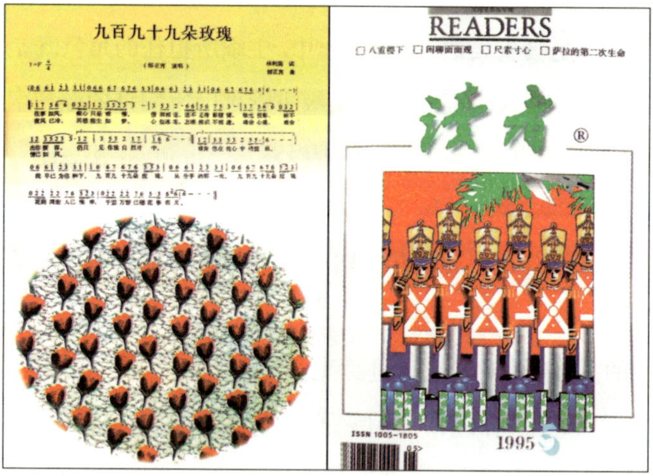

刊登1994的歌曲配图被读者指出是三维立体画后，次年《读者》刊发了立体画专集，在出版业兴起一场3D热

才干；

4. 熟悉和理解党和国家的基本政策及有关出版法规；

5. 有对社会和时代的洞察力和前瞻能力；

6. 了解杂志的读者群的各个方面；

7. 有必要的社会活动能力和组织才能；

8. 是所从事的行业的专家；

9. 有对作者的感召力；

10. 有创见和应变能力。

以上10条，不一定很完整全面，但可以说具有这些素质是基本的条件。主编掌握大局，主要体现在出版物的本身，而非其他。因为主编要对每一期刊物进行质和量的平衡，使之保持相应的水准，这就是对编辑所选用稿件的裁决权及为贯彻主编意图的行使权。主编要为杂志本身的思想内容和整体水准负责。他考虑的应是长远或中长远的杂志发展，以及实施发展的各种措施。他应当是一个战略家。

九、注重长期效应

《读者》杂志在长期以来，编辑部的工作集中于杂志本身，一心办刊，不主张举办过多的社会活动。除了围绕杂志的阅读奖活动外，没有开展过其他社会活动。我们不是没有条件举办活动，但不主张举办与杂志无关的活动。所进行的活动要注重长期效应，注重杂志本身的宣传和发展，注重为多数读者服务，只有这样的活动，才对杂志本身的发展有潜在的深远价值。反之，如果对读者进行无关的或刺激性的活动，可能会丢掉基本读者。简而言之，如果一份杂志把一半以上的精力分在为创收而进行的活动上，那就意味着将会出现危机。

十、办杂志无止境

《读者》杂志发展到今天，月发行量已从创刊时的3万份发展到360万份，成为中国发行量最大的16开本杂志，在读者中享有较高的声誉。面对这种现实，编辑部持冷静态度，所谓“盛名之下其实难副”。《读者》编辑部每月的评刊会上，将读者的批评意见一一宣读，让编辑们讨论。从事杂志编辑这一行是一项永无止境的磨难。我们的编辑压力很大，常有一种“如履薄冰，如临深渊”之感。但是人人以办好杂志为荣，以办好杂志为乐。我们的口号是：争当一流编辑，争创一流杂志。让《读者》杂志在竞争中求得更大的发展。

《读者》的做法和理由

《读者》于1981年创刊，迄今快到二十年。在新锐期刊眼中，她是老刊；在建国初期甚至建国前创办的真正老牌期刊眼中，她是新刊。

以我的理解，《读者》以及八十年代初期创办的期刊，可以视作中国出版业发展的第二高峰期的产物，应属中刊。这类期刊是改革开放初期的产物，体现了十年前社会发展的许多属性。而九十年代后期的新锐期刊则代表了近十年的最新成果和社会文化发展的走向，甚至价值取向。

期刊作为媒体之一，必须适应社会的发展，非但如此，还应代表社会发展的方向。这里就引出一个重要的问题，期刊如何适应社会的

1999年《读者》荣获首届国家期刊奖，彭长城在领奖台上，2000年

1983年《读者文摘》因精神污染事件受审查，以柯杨教授为组长的专家审查组肯定了《读者文摘》是一本好杂志

发展。下面谈谈《读者》的做法和体会。

一、《读者》改名之后，强化了企业形象宣传

1993年7月，《读者》由原来的《读者文摘》改为今名。对这一件事，社会上至今还有许多传闻，主要的一种是我们侵犯了美国《读者文摘》的知识产权。其实原委不是这样。1990年，中国商标法公布，正式生效。当时我们这些书生，茫然无知，甚至不明白一本期刊和商标有什么直接的联系。而美国人深谙此理，他们在中国商标法公布不久，抢先一步，在中国注册。然后，依照“注册优先”的法律原则，向我们提出更名要求。这是合法的。国家和上级管理机构也无法保护你。于是中国《读者文摘》开始更名，在CCTV等中国著名媒体的宣传和帮助下，我们顺利地完成了更名程序。改为《读者》后，也遵照法律，注册生效。这件事本身是简单的，但启示是深刻的。它告诉我们，在社会主义市场经济环境下，一个企业要生存下去，必然要适应外部挤压和内部竞争的环境。唯一的办法就是树立并强化自己的形象，保护和壮大自己的品牌。于是，《读者》在1994年策划了征集刊徽的活动。三个多月时间，收到应征设计稿件近3万件。读者的热情超出原先的预料。更重要的是，在读者心目中根植了一种品牌意识，随着蜜蜂刊徽的被确认，《读者》的企业形象被强化并达到了预期效果，《读者》的品牌深入人心。

二、广告经营的上马，使《读者》改变了经营策略

我问过郑元绪，他说《读者》最早登广告是1988年4、5、6期《读者文摘》封底的福达胶卷广告，原定6期，后来因印刷质量不佳，只登了3期。在1992年以前，因编辑和读者的共同抵制，《读者》没有连续刊登过广告。在那个年代里，广告首先进入和占领了电视、广播、报纸这些媒体，杂志中也有一部分上了广告。《读者》以无广告的形象，在受众心目中显得很“清纯”。但到了1993年，情况有了暗暗的变化。变化之一是绝大多数期刊开始上广告，具有了明显的经济收益；变化之二是《读者》本身的低定价策略受到了挑战。《读者》开始思考上广告的问题。在内部讨论过程中，争论激烈，有的编辑为捍卫杂志“清纯”形象甚至掉下了眼泪。最后决定，于1993年起辟出全部封底连续上广告。此举在广大受众当中有反响，但不算太大。因为在当时，大部分杂志的封底已变成广告页，受众已习惯了。从1994年开始，《读者》广告版面逐步增多。从4版到1999年的10版。在这个过程中，《读者》相应增加了美术插页的版面，由3版增加到6版，表示补偿之意。尽管这样，仍然遭到读者对广告的强烈抵制。《读者》做的工作，一个是严格控制广告的内容，不接纳和涉及有危险的、格调低下的、有疑问的、有误导的领域；一个是注意民族工业的比例；一个是注意广告版的美术设计质量。从受众角度，在一定场合介绍广

告的必要性，广告与杂志发展生存的关系，广告档次与杂志地位的关系，市场经济中广告的信息优势等好处，使读者逐步地适应这种局面。这里还包括正文版面和美术页栏目不刊登广告的原则。经过这几年的实践，《读者》的广告收入已占总收入的50%。接近或达到或国际较发达国家的比例，为《读者》的发展和抵御风险的能力奠定了较好的基础。

三、适可的公益事业提升了杂志的公众形象

《读者》在20世纪90年代，每年都要策划或参与一些社会公益事业。本着有所为有所不为、量力而行原则，我们先后参与了“希望工程”、“拒绝毒品，热爱生命”的宣传；还向全国特级教师、边防官兵赠书，都收到了良好的社会反响。比较典型的是2000年秋季与中国青基会共同策划的“保护母亲河，共建读者林”活动。《读者》从2001年二月起连续刊登广告，号召广大读者为保护国家西部生态献上爱心。截至4月1日，已收到130万元捐款，4月2日，在黄河上游的甘肃刘家峡水库，一举造林5000亩。在其间发生了许多动人的故事，显示出《读者》杂志的号召力及公众对她的认可。营造了很好的社会效应。这一行动目前仍在继续。捐款额已达到150万元。

四、2000年的扩版和改版使杂志的市场占有率稳中有升

1999年下半年，本刊在大量调查的基础上，审时度势，提出了一个“2000年大行动”，具体讲，就是《读者》由月刊改为半月刊。还创办了一份《读者》的子刊——《读者·乡村版》。

在策划过程中，我们考虑到《读者》的特点和优势：一是名牌，二是发行量大，三是长期读者队伍稳定，四是读者年龄跨度大，五是中青年读者多，六是读者文化程度层次复杂，七是本刊在城乡结合部广有影响，八是通过向特级教师赠刊活动，在中学老师心目中认同值增大。也正是这些特点和优势引起了几个矛盾和不适应：一个是老读者和新读者对杂志的要求不同，二是各个年龄段的读者定位不同，三是各种文化层对杂志的阅读目的不同，四是城乡读者对杂志的口味不同。这就碰到一个大难题，怎样才能做到既能保持老读者，又能吸引新读者；既能面对城市读者，又能适应农村读者。深入分析，《读者》杂志的特色、社会功能和具体读者的阅读目的是最根本的三个因素。这些都写在《读者》的办刊宗旨上：博采中外，荟萃精华，启迪思想，开阔眼界。前两句概括了《读者》的综合性和精品价值。每一个读者之所以选择她，正是基于这种初始的印象。后两句概括了《读者》的社会功能。读者选择她、阅读她，或为了净化心灵，或为了充氧求助，或为了娱乐休闲，或为了解惑人生，或为了排遣心郁，或为了教育子女，或为了影响亲友，或为了获取信息，或为了经营指导等等。在这一切中，恐怕精品意识和净化功能是最重要的。

依照这些分析的理由，《读者》改为半月刊后，将下半月刊的内容作了轻微的调整，直接面对城市青年，以适应他们在社会经济转型过程中对人生观、世界观、价值观引起的青春时尚、价值取向、道德冲突等问题上的困惑，并给予一定的引导。

《读者·乡村版》则用另外的一条思路：当绝大多数报刊媒体把目光聚焦在大中城市市场之时，我们却把目光投向另外一个市场——农村。中国有九亿农民，这个市场的巨大和它的潜在发展前景，将随着中国农村经济的发展逐步升起在地平线上。《读者》以她的品牌优势和影响力先一步向农村市场进军，可以视作一种战略性的举措。

从2000年一季度的运行结果看，改版基本成功，《读者》的月发行量从上年度350万册提高到本年度500万册以上，三月份达到600万册。乡村版印数在10万份的基础上，逐月上升。如能加大发行力度，三五年以后必有良好前程。

五、下世纪对《读者》的前景设计是向多媒体拓展

目前，《读者》占有中国期刊市场2%的份额。在8千多种中国期刊中，这个数字是比较可观的，但是，从发展的眼光看，大中城市已趋于饱和，小城市和城乡结合部的市场潜力有限。即使我们继续用高质低价的方略，城市版恐怕只能保持和稳定在现有水平上，发展余

地不多。怎样保持杂志与社会的同步，也是一个相当困难的任务。今后，乡村版的工作要做好，逐步成熟，并形成气候和相当规模，使这棵树长大，成林。还将考虑在纸介质这种传统媒体上的新增长点。步骤是看准一件做一件，不盲目铺摊子。

《读者》的另一个新的增长点将在国际互联网上。对这一全新的、飞速发展的领域，《读者》的进入将是扎实的、适时的。因为目前尚在筹划期，不便在此文中详述。还得看将来的结果和它产生的效应。策划和具体运作将会是富有挑战和充满刺激的。

（注：在全国部分期刊座谈会上的一个发言，2000年）

2000年的《读者》

中国的报刊业正处于一个高涨时期。如果把公开发行的内部发行的报刊相加，总数为2.7万份左右。这个数字可谓惊人。但从全国范围考察，总发行量一直保持一个定数：2亿册左右。品种数量上的剧增，使单个杂志发行量下降，这是目前报刊市场的总体特点。我们听说受打击最重的首先要数老牌报刊，而后起之秀咄咄逼人，出现了空前的竞争局面。

面对这种局面，是喜是忧，或者喜忧参半，各个报刊社的老总们都有不同的心态。但目标都一样，为自己所在的那份报刊争取更多的订户。

为此，我就《读者》杂志的发展谈几点个人的体会：

一、是一拥而上还是独辟蹊径

《读者》原名《读者文摘》，创办于1981年。1980年秋开始筹办这份杂志时的形势是，十一届三中全会开过不久，全国百业待兴，出版业主要是恢复和重建。许多“文革”中停刊的杂志正在复刊，也有许多单位正在筹办新杂志。那么，甘肃办什么杂志好呢？我们首先分析形势：甘肃地处大西北，文化不很发达，作者队伍较弱。只有编辑实力有竞争的余地。

从全国看，预计新创刊的报刊数量将越来越多。这种发展趋势将会引起报刊专业化和读者分层细微化的新格局。几年以后，读者会出现面对数目巨大的报刊无所适从的局面。于是向相反方向思维，利用我们的编辑优势，创办一份集众家之长的文摘性刊物，这就是《读者文摘》。

不一拥而上，而是找出空白点，独辟蹊径，做别人没有想到的事，是办刊的重要前提。

二、宗旨一旦确定，就不可动摇

《读者文摘》的宗旨是16个字：博采中外，荟萃精华，启迪思想，开阔眼界。这一宗旨说到四个方面的问题，其一，选材要广，古今中外，无所不包；其二，内容要精，高水准、高品位，是经得住历史考验的人类文化精品；其三，对读者的不是说教，也不是训示，而是启迪、影响和无形的熏陶；其四，最终达到让读者了解社会、了解时代、了解世界发展的目的。这四点综合起来，就是我们这份杂志的功能所在。

宗旨一旦确定，我们就坚定地贯彻，在杂志发展的13年中，一直遵照此宗旨办刊物。特别是在某些年份，出现了人们思潮混乱、偏移、甚至惶恐；在每一年，都会出现社会热点、风潮。这些社会现象不能不对编辑部造成冲击和影响，但编辑部从不动摇自己的宗旨，我们有一句话："不以动荡而移神，不求媚丽而争宠。"但是，在宗旨的范围内，也要适应社会发展，进行必要的"微调"。《读者文摘》自1990—1994年这几年，主要在切入时代、贴近社会、贴近读者上进行了"微调"，并取得了成功。

我们有时看到一些杂志不断改变宗旨，随波逐流，办了几年后，使读者不知道这份杂志是干什么的，产生了不信任感，这种做法是不足取的。

三、把握好自己的读者群

《读者文摘》创刊时，对读者进行了定位。《读者文摘》的读者是具有高中以上文化水平的喜爱读书的人。这是一个大的读者群体。但这还不够，我们又找准一个"核心层面"，这就是大学生。大学生作为核心层，是因为大学生有较好的辐射效应，上可辐射到高级知识分子；下可辐射到中学生；左右可辐射到家庭及社会上的青年人。这种定位就界定了《读者文摘》具有一个潜在的巨大读者群。经过十多年的发展，说明开始时的定位是正确的。

这里，我想特别指出，任何杂志都有自己特定的读者群。必须调查清楚，不可盲目，要时刻想着为哪些人办杂志，甚至要站在基本读者的立场上看待这份杂志，然后全心全意地为自己的读者服务，才能成功。

有一种现象，抢原本不属于自己杂志的读者，服务对象发生变化，引起杂志内容的变化。如一些文艺刊物，因生存需要，被迫向所谓“俗文学”靠拢，有的甚至出售版面，降格以求，其后果，丢掉了老读者，也没有争取到新读者，真有些得不偿失。

四、以质量为唯一的目标

办杂志的人追求经济效益，这是无可厚非的。可是，在社会效益、经济效益两者并存的今天，单纯追求经济效益却是不可取的。

所谓经济效益，对杂志来说意味着发行量。发行量越大，经济效益越好，是不言而喻的。可是从《读者文摘》到《读者》，编辑部从来都不去追求发行量，正好相反，把全部心智都用到提高质量上去了。因为我们认定，质量和发行量之间是因果关系，有了上乘的质量，才能伴之而生大的发行量。只有不追求发行量，才能有发行量。

在以质量为唯一目标的问题上，《读者》的做法是，质量不是一个空洞的概念，它包括了杂志的内涵、风格、品位等方面。

《读者》的内涵，选文以真善美为主。《读者》的风格，内容和装帧设计上的清新雅。《读者》的品位，隽永和高格调，历久弥新。这三者的结合，使《读者》杂志形成自己独特的风格。我们研究读者的购买心理和阅读心理，每一期杂志上市，读者老远就能发现《读者》的封面，其他杂志好像是背景一般将她衬托或突出出来；当读者拿到杂志后，先要随手翻开24页，看看漫画、中插，急迫地带回家，细细看下去……第一篇文章将很吸引你，中间是轻松的过渡，又一篇文章……这种文章的编排，要有一定的技巧，换句话说，千方百计使读者在阅读一期《读者》时，得到一次完美的精神享受。

五、做好与读者的联络工作

通常，社会上有一种说法，叫做“顾客是上帝”。杂志社也往往引用之为“读者是上帝”。其实，《读者》杂志并不这么认为，《读者》杂志的口号是“读者是《读者》的朋友”，或曰“《读者》是读者的朋友”。视读者为杂志的朋友，而不是上帝，原因是，如果把读者当上帝，那么杂志就得敬畏读者，无条件地服从读者。就杂志而言，这是不成立的。

我们视读者为朋友，含意之一是《读者》杂志与其说是一份编辑办的刊物，不如说是一份靠读者办的同仁刊物。我们发动读者推荐稿件，依靠读者的投稿，读者和编辑地位相等。效果是读者像爱护自己的孩子一样爱护这份刊物，如果刊物出了差错，批评意见、电话，就纷纷来到。读者不允许他们心目中的《读者》有缺点。视读者为朋友，

1998年，《读者》与文教出版社合作出版了电子光盘，是《读者》的第一次数字出版读物

2000年初春，美国《读者文摘》副总裁布里南先生赴兰州，访问《读者》，与《读者》主编陈绍泉先生握手，相逢一笑泯恩仇

含意之二是要真正把读者当朋友去交往，这就要做好通讯联络工作。《读者》杂志有一个好的传统，就是每当读者来信，总是有信必复，尽管有一部分信件是与杂志无关的，特别是批评意见、建设性意见，更是认真对待。这种做法，给读者以真诚，给读者以温馨，长此以往，赢得了读者的信任，收效甚大。

六、引导和迎合

《读者》杂志拥有千万读者，面对这么大的读者群，编刊越来越难。因为读者越多，口味和阅读欣赏水平的区别就越大，有地域上的，有城乡之间的，有文化差异上的，有所处环境差距上的，真是形形色色。形形色色的读者会依各自的不同立场和对杂志的不同理解向你提出各种各样的要求。同是一篇文章，常会有截然不同的两三种反应。

问题看来很复杂，但是仔细分析，就会发现这其实是一个引导还是迎合的问题。《读者》依照自己的宗旨办刊，不迎合少数读者的某些口味，比方说社会犯罪问题，那是法制类刊物的内容；新闻热点，那是报纸的任务。而《读者》则力求在启迪国人向上，为社会主义建设事业奋斗，教育和影响下一代人，培养他们的美好品德上下工夫。低俗、庸俗的口味，猎奇追风的倾向应着力防范和克服。

要永远记住，《读者》对读者只能是一种影响力，既不能强求读者接受什么，也不能一味迎合读者的不合理要求。杂志要保持自身的水准和风格，不能动摇。

七、注意办刊技巧

办杂志是一门艺术，其中有许多技巧。但这些技巧必须服从杂志本身的特性。杂志是一种连续性出版物，在这一点上与报纸是相似的。报纸以新闻性见长，杂志具备一部分新闻性，但内容的深度和可读性要强一些。杂志与图书比，又具备图书的权威性和学术水准高的特点，可以认为杂志是介乎报纸与图书之间的一种连续性出版物。于是杂志应具有内容的连续性、栏目的灵活性、文章的权威性三大优势。办刊者要充分利用这三大优势。

连续性可以选登连载性的文章或呼应式的文章。这些文章不受过多的时间限制。在办刊时，可利用这一点造成适度的饥渴感，让读者读完这一期还要购买下一期。

灵活性体现在栏目上要考究、明确。给读者以明晰亲切之感。另一方面，在编排上要有节奏感，要努力方便读者的阅读，使他们读起来赏心悦目。节奏感还体现在文章编排的起伏上，比如在沉重的文章之间夹之以轻松，在严肃的文章之间辅之以幽默。甚至要考虑读者分几天几次阅读的问题等等。

权威性则主要体现在文章内容和资料数据的翔实可靠上。杂志社要有自身的资料库，用来将一些重要资料收集起来，以备查考。还要有必要的权威工具书。

八、主编的作用

美国总统肯尼迪曾对美国生活时代杂志社主编说过："杂志是主编的影子。"这句话的含义是很清楚的，杂志社的主编要发挥他的能动作用，给杂志以影响力。

杂志的主编是极重要的。一份杂志中，主编所担任的角色既是"编导"，又是"制片人"，他要执行办刊宗旨，并贯彻到每一期的每一个环节；他要经营这一份杂志，使之能够维持下去，并有发展；他还要研究同类刊物及全国乃至世界的杂志走势，为自己从事的工作制定短期和长期战略目标；他要组织领导好整个杂志社的各个部门，特别是编辑部门。真可以说是任重而道远。杂志社的主编应当具备较高的素质，这包括：

1. 熟悉编辑工作，有长期的编刊经验；

2. 深刻理解办刊宗旨，并能采取有力手段使之贯彻；

3. 能组织整个杂志社全体同仁共同为杂志的发展而发挥各处各自的才干；

4. 熟悉和理解党和国家的基本政策及有关出版法规；

5. 有对社会和时代的洞察力和前瞻能力；

6. 了解杂志的读者群的各个方面；

7. 必要的社会活动能力和组织才能；

8. 所从事的某行业的专家；

9. 对作者的感召力；

10. 有创见和应变能力。

以上10条，不一定很完整，但可以说是基本的。主编掌握大局，主要体现在出版物的本身，这就是对编辑所选用稿件的裁决权及为贯彻主编意图的行使权。主编要为杂志本身的思想内容和整体水准负责，而不是在枝节上。他应是总工程师，而不是技师。他考虑的应是长远或中长远的杂志发展，及其为实施发展的各种措施。从这个意义上讲，他应当是战略家而不是战术家。

九、注重长期效应

《读者》杂志长期以来，编辑部的工作集中于杂志本身，一心办刊，不主张举办过多的社会活动。除了围绕杂志的阅读奖活动外，没有开展过其他社会活动。我们不是没有条件举办活动，但不主张举办与杂志无关的活动。

这里引出一个问题，即杂志社所进行的活动要注重长期效应，注重杂志本身的宣传和发展，注重为多数读者服务，只有这样的活动，才对杂志本身的发展有潜在的深远价值。反之，如果对读者进行无关的或刺激性的活动，可能会丢掉基本读者。简而言之，如果一份杂志把一半以上的精力分心在为创收而进行的活动上，那就意味着将会出现危机。

十、办杂志无止境

《读者》发展到今天，期发行量已从创刊时的5万份上升到360万份，已成为中国发行量最大的16开本杂志，在读者中享有较高的声誉。面对这种现实，编辑部持冷静态度，所谓“盛名之下其实难副”。《读者》编辑部每月的评刊会上，将读者的批评意见一一宣读，让编辑们讨论。自去年以来，杂志出现了小文章重复的问题，使我们很难堪。为此，除采取电脑录入全部内容后进行查重外，还制订了相应的奖罚制度，促使编辑人员加强责任心。

另一个新情况是盗印本的不断出现，目前已有近40个版本，大都是书商所为，也有个别国家出版社从事这种业务。此问题在适当的时机也要予以解决。

最后，《读者》杂志今年起试验刊登广告，原因是在市场经济的条件下，报刊的广告将会成为一种客观存在，从世界报刊业的发展看，从中国市场与世界市场的接轨看，势在必行。《读者》的广告刊登只占用少量版面，今后要在广告的欣赏角度多下工夫，力求使之与杂志融为一体，逐步为读者理解和接受。

从事杂志编辑这一行是一项永无止境的磨难，我们的编辑压力很大，常有一种“如履薄冰，如临深渊”之感，但是，人人以办好杂志为荣，以办好杂志为乐。我们的口号是：争当一流编辑，争创一流杂志，让《读者》杂志在竞争中求得更大的发展。

（在甘肃省期刊年会上的发言稿，2000年）

1983年，曹克己总编辑在阅读奖抽奖会现场，后为郑元绪

我与《读者》

（《读者》2006年第5期）

26年前的一个秋日，甘肃人民出版社新调来的总编辑曹克己操着陕西腔对我说："咱办个刊物，咋相？听说你干过杂志。办啥刊？自己想去；人没有？自己找去。"回来试找过几位同事，反应淡淡。也真是的，谁愿意干毫无前景的事呢？但有一个人愿意干，他叫郑元绪。老郑和我有着相似的经历：都是"文革"中1968年毕业的理科大学生，他清华大学物理系，我兰州大学地理系。我俩毕业后同在祁连山下戈壁滩解放军农场劳动锻炼，他六连，我二连。然后又去农村毛泽东思想宣传队当队员，他酒泉，我金塔。我们都是普通人家出身，他北京市民，祖籍山东黄县；我世代农民，生于甘肃武威。上世纪70年代，我俩先后来到出版社，方才认识，并成为编辑同事。

在别的编辑室的东北一隅，用三只书柜围成L型，分隔出8平方米的空间，放进两张“一头沉”的办公桌，两把木椅，一把会议室用的长条椅，两个人的编辑部就这样组成了。

办什么刊好呢？调查发现，甘肃作者不多，经济不旺，交通不便，信息不畅，绝非办刊福地。无奈之余，想到办文摘，并且办一份发动读者荐文，再由我们编辑返还给读者的《读者文摘》。这种“从读者中来，到读者中去”的独特办刊方针，成为此后这本杂志的法宝之一。

1981年春节过后，老郑去北京请赵朴初先生题写刊名，赵老爽快地答应了。老郑回兰州后，从一个小信封中小心翼翼地取出原件：那是赵老写在上小学孙女的语文写字本上的两张纸条，每张一指宽，上有赵老印款。这就是沿用至今的《读者》《读者文摘》刊名题字的由来。

1981年3月，《读者文摘》创刊号清样第二稿获准发印。送审过程使刊物走上了远离极“左”意识形态之路。4月，创刊号问世，起印数3万册。随后发动全出版社职工，将一万多册赠给了全国县以上的文化馆和大学图书馆。那一年我37岁，老郑36岁。

创刊号的“博采中外，荟萃精华，启迪思想，开阔眼界”十六字宗旨，迄今未变，也是《读者》的另一件法宝。变了的是定价，那年

0.30元，今天3.00元；月印数，那年9万，今天900万；刊期，那年月刊，今天半月刊；刊别，那年1刊，今天4刊。

1982年初，出版社迁入白银路新址，我们要了一间40平方米的大办公室，有两位志愿者无偿前来帮忙做编务，一位是工人诗人，另一位是在读研究生。春天，兰大历史系应届毕业生彭长城前来报到。正面墙上的一幅大字标语吸引了他的目光。那句话是："世界上许多最美丽的花朵，往往开放在无人知晓的地方！"

那是一个有奇迹发生的时代，《读者文摘》的发行量以翻倍速度上升，9万、30万、90万，第4年的印数已经超过140万。每次印数上升，我们几个编辑就去小酒铺，油炸大豆就散装啤酒，自我庆贺一番。正觉得顺风顺水，却不知灾祸正在悄悄逼近。1983年秋，有人告我们的状，说《读者文摘》搞"精神污染"。一时气氛紧张，省委宣传部组织了由兰州大学、西北师院几位教师组成的专家组，细阅了本刊三年半来的全部文章，最后的报告结论是：《读者文摘》是一本好杂志。后来，审查组长柯杨教授透露说，当年他向省委宣传部聂大江部长要原则，回答是邓小平"实事求是"四个字。良心战胜了极"左"，杂志得以幸免，但作为主要负责人的我，必须调离，毕竟还是有错误的嘛。出版社领导念我没有功劳也有苦劳，任命我为甘肃少年儿童出版社总编辑，一干8年。在伤感的欢送会上，编辑们默默送我一个铁皮烟灰缸……

胡亚权（前）、郑元绪（后），1981年

1985年到1994年，由郑元绪主持工作。他带领十来位编辑成功地渡过了1990年整顿、1993年因商标纠纷而改名的两次难关，并开展了分印业务，杂志的内容和形态也趋于完善。在80年代后期经过几年徘徊，于1990年、1993年过了200万、300万关，步入中国大刊之列。这是杂志的成熟期。

1994年春，出版社张九超社长找我谈话，说郑元绪要去北京了，社领导研究让你再回《读者》，主持工作。

这次社里的就职仪式比较隆重。出版社全体领导参加，加上与我一起来的陈泽奎等3人，编辑部已有13人。我说，此刻让我联想到希腊神话中推巨石上山的西绪福斯。《读者》也像一块巨石，我们全体同仁只有共同用力，才能把它推到山顶。

这时候《读者》已步入发展期，先是成立杂志社，在编辑部以外建立经营部，由彭长城负责经营活动。征集刊徽的LOGO行动、扩版、提价、建立查重系统、电脑制版、调整增设新栏目、深圳双色版试验，到2000年改为半月刊，陈泽奎负责《读者·乡村版》创办，还有《读者》维文版、盲文版的合作出版，《读者》每年都有新的举措。更重要的是，从1995年始，《读者》开始了广告经营，走上了现代杂志良性循环的道路。向特级教师赠书到保护母亲河的行动，体现了《读者》社会公益活动的正确取向和巨大的感召力。从1995年开始，《读者》月发行量连破400万、500万、600万关。1995年初，省上还奖给杂志社一辆桑塔纳轿车。2000年后，《读者》杂志连续三届获得国家期刊奖，成为中国期刊之林的名刊大刊。《读者》杂志也被国门开放后的出国留学生带到了世界各地，《读者》进入了品牌时代。有意思的是，与我们曾有龃龉的美国《读者文摘》也大显君子风度，于1999年夏，派出一位副总裁亲自到兰州来，我们“相逢一笑泯恩仇”。

2001年，彭长城主持工作并任社长、主编，我改任顾问。就在这一年，我又创办了《读者欣赏》——一份视觉类艺术休闲杂志。我在办公室墙上贴出标语，上书：一叶一菩提，一花一天国。屈指算来，这是我参与创办或主持创办的第4份杂志，前几份是《读者》《妈妈画刊》《读者·乡村版》。2004年底，我退休年龄已到，从此与《读者》渐行渐远。2005年起，被聘为甘肃省人民政府参事室参事。

有人讲，人一生做成功一件事就很好了。办《读者》肯定就是我做的那一件事。26年前，我和老郑在黄河边看着皋兰山展望未来，纵有千般豪气，也只能把发行50万册想象成最高追求。谁也不会想到这份杂志，会从当年无人知晓的小花，成长为今天的参天大树，还有一片小树林。

2006年1月18日，读者出版集团有限公司宣告成立，标志着《读者》将以企业形象面对世界，一个新时代来临了。我和老郑坐在贵宾席上，是特邀的。

25年时光，25年的打造，《读者》究竟是什么？仍然是一个谜。我们从她的广告语上看：80年代——让《读者文摘》走进每一个家庭；90年代——选择《读者》就是选择了优秀文化；新世纪——中国人的心灵读本。从中我们可以看出《读者》定位的自我完善过程。

我比较喜欢第二条广告语，因为它道出了《读者》之真髓。我曾以人性、理性、知性和平民性来概括这本杂志；也曾把她比喻为一位中国公民，外表儒雅，心灵至美。要将《读者》用一两句话说清，实在是一件很难的事。我对《读者》的认识有三个阶段或者三次飞跃：80年代是“文章”阶段。我们有幸编选了在中国人看来是“道德文章”，在西方人看来叫“人本主义”的那些精华作品，第一次将读者引入久违了的那种“人文关怀”氛围，引发了广大中国读者的思索和心灵震撼。90年代是“文化”阶段，《读者》自觉不自觉地传播了一种先进的文化形态。谁不知道，《读者》25年，年年月月唱着“同一首歌”，这首歌的名字叫《让世界充满爱》。这种独有的文化现象，让这本杂志成为名副其实的“中国读本”。21世纪初，我思考了《读者》与“文明”的关联。如果把这些年《读者》刊载的几千万字文章排列起来，在那些沉甸甸的文化积淀之上，一定会闪烁出两个大字，那便是“文明”。因为文明是人类社会的完美结晶和最高追求，也是《读者》与广大读者的完美结晶和最高追求。不是吗？从文章到文化，再从文化到文明，正是每一个公民的自我完善和自我升华过程。至少，我是这么想的。

《读者》与兰大

（《读者》2009年第9期）

兰大即兰州大学。兰州是《读者》的发祥地，杂志诞生于此，成长于此，所以在《读者》工作的兰大学子多，乃地缘关系使然。我于1963年考入兰大地质地理系。那时，国家刚刚渡过三年困难时期，校园中随处可见“时代的痕迹”。记得初到兰大校园报到时，看到学生宿舍楼四周的水泥排水槽上有柴火烧过的痕迹，高年级同学介绍说那是去年学生们用铝饭盒煮菜叶子的地方。所以，看到四川籍同学穿草鞋、挟一张草席前来报到，也就见怪不怪了。那时的兰大，校舍简陋，但在校园里常能看得到大人物。江隆基校长威严地走在校园中，与白发苍苍的老教授们打招呼的情景，犹在眼前。林迪生副校长面色和蔼，同学们私下说，你可以在路上大胆地向林校长借钱，他一准儿借给你。这两位老革命永远穿着洗得发白的蓝布上装，只不过一个深蓝，一个湖蓝。今年兰大征集校训，有一则帖子是“穷且益坚，不坠青云之志”，正切当时情景。想必这位仁兄也是老三届吧。从纪律严明、耳提面命式的中学教育，一下子变为教授各讲各的主义、学生自己管自己的状态，正中吾愿。于是上课虽不是好学生，却也学到了发现、搜集、归纳等研究问题、解决问题的方法。我在校期间的绝大多数时间在阅览室度过，博览专业以外所能找到的一切有兴趣的书。因为我觉得，像兰大图书馆这样巨大的知识宝库以后可能再也遇不到了。上世纪80年代初创办《读者》，我的知识积累和智慧源泉，大都是拜母校所赐。

在《读者》工作的兰大学子很多。毕业于兰大历史系的彭长城，1982年春被分配到《读者文摘》编辑部，他是恢复高考后的第一届大学生。在编辑部，彭长城编发了《一碗清汤荞麦面》等大量优秀作品，之后主抓杂志的经营工作，表现出敏锐的市场意识和出色的经营才干。他后来走上读者杂志社社长、读者出版集团副总经理的领导岗位。毕业于兰大地理系的袁勤怀，1986年进入《读者文摘》编辑部。上世纪90年代以后，又有陈泽奎、张涛、王祎、侯润章、康力平、富康年、宁恢、潘萍、李霞、郑洁、陈天竺、刘志伟、李耀武等兰大学子陆续加盟《读者》，在编辑和经营岗位上为杂志的发展做出了自己

上图：1994年5月，《读者》编辑部与兰州大学同学一次联谊活动

下图：1963年，胡亚权考入兰州大学地质地理系

的贡献。

回顾《读者》走过的历程，还有一件事是值得记述的。1984年，有人状告《读者文摘》（即《读者》）宣扬资产阶级思想、存在严重的精神污染。上级决定彻查，省上成立了专家小组，审读了创刊以来所有的《读者文摘》。兰大中文系教授柯杨任专家小组组长。柯杨请示原兰大校长、时任甘肃省委宣传部部长的聂大江同志：“我们将遵循什么原则审查呢？”部长答：“党的实事求是原则！”不久省委宣传部听取专家小组的报告意见，肯定了《读者文摘》是一本好杂志，应当继续办下去。正是这份报告拯救了《读者》。2007年，柯教授听说读者杂志社早期样刊奇缺，就毫不犹豫地将他自己历年来收藏的《读者》单行本赠给读者杂志社。

《读者》与兰大还一直保持着编读之间的联系。编辑部每年少不了与兰大同学座谈交流。1993年《读者文摘》因商标纠纷要改名。当时主持工作的郑元绪同志带领编辑到兰大征求同学意见，一位同学当场号啕大哭。

1998年，有一位山东籍学生拎来了两大捆杂志，仔细一看是从1981年创刊号到1993年7月《读者》改名前的《读者文摘》。《读者》编辑部的同志们睁大了眼睛，因为连杂志社也只有一套作为库藏本。那位同学说，他上中学时是《读者》的忠实读者，高考奔《读者》所在地而考到兰州大学，这些宝贵的早期《读者文摘》是他上学这几年利用节假日在兰州隍庙旧书市场一本一本淘来的。

2009年9月17日，是兰州大学100周年校庆。值此华诞，我要深深感谢母校容我，度我，佑我！

一位农民的儿子有幸在那里读书，得到母校的包容、呵护；他在那里学到了知识，学到了如何做人、做事，实践着“自强不息，独树一帜”的校训；他离开母校进入社会，依然受到母校的护佑。

所以我和在《读者》工作的兰大学子，永远感谢母校——我们亲爱的兰大！

《读者》答读者问

（《读者》1994年第8期）

1994年5月19日，《读者》编辑部在兰州大学逸夫馆会议厅与大学生座谈，有400多名大学生与会，气氛热烈。下面选编的是读者提出的部分问题与编辑的答复：

问：《读者》选稿的基本原则是什么？

答：裁剪一片真，奉献一分善，展示一种美。平凡中的深邃，人情中的哲理。

问：《读者》的特色是什么？

答：删繁就简三秋树，领异标新二月花。（郑板桥句）

问：办杂志最重要的是什么？

初创时期。左起彭长城、郑元绪、胡亚权、曹克己、张力、丛海（工农兵作者）、高海军，1983年

发展期的《读者》人。前排李一郎，后排左起王祎、袁勤怀、孙玉明、任伟、张涛、彭长城、张正敏、刘英坤、张秦生、胡亚权

答：深知你的读者想读到什么和该读到什么。

问：《读者》拥有多少读者？基本读者是哪些人？

答：《读者》目前发行量已达362万份，每本杂志两三个人看，她至少拥有1000万读者。这些基本读者是中国现在和未来的脊梁。

问：《读者》的编辑投入了多少心血和精力？

答：处心积虑，殚诚竭忠。

问：《读者》创刊13年来，你们最大的快乐是什么？最大的遗憾是什么？

答：得到广大读者的认同和支持是编辑的最大快乐；不能和每一位读者晤谈，是编辑最大的遗憾。

问：在浩如烟海的杂志之林中，《读者》如何面对竞争？

答：不断提高刊物的质量。

问：《读者》的插图有什么特色？

答：用视觉艺术拓展更广阔的语言空间。

问：《读者》在商品经济发达的广东、海南等地销量如何？

答：本刊创办初期，以北京、南京、成都、上海等文化城市发行量最大，但近年经济发达地区如广东、武汉、山东等地发行量剧增，说明随着人们经济地位的上升，更注重高层次、高品位的精神享受。

问：《读者》的广告颇令人不快，能否不要？

答：虽非一见钟情，但求日久为友。在社会日新月异的今天，或许

《读者》早期的三位分管领导，左二王维新（兼主编）、左三周顿（主编）、右一郭耀中（分管）

1996年的《读者》杂志社全家福。左起陈绍泉、胡亚权、彭长城、李一郎、张正敏、袁勤怀、刘英坤、任伟、张涛、王祎、高茂林、孙玉明、王燚

您需要的某些资讯和信息会在广告中得到帮助呢。

问：《读者》今年将有什么举动？

答：将于《读者》第9期举办第4届阅读奖活动，出题范围在本刊1989年第1期—1994年第8期内，请读者预做准备。

《读者》编辑部（撰文胡亚权）

（《读者》杂志与大学生不定期联谊，已有经年。这是1984年5月，《读者》编辑部与兰州大学学生交流后的一个小结。）

《读者》的LOGO

《读者》杂志的创刊是在1981年，现在是第十八个年头。这份杂志从创刊号的3万份，发展到今天月发行量400万份，成为中国最大的16开期刊，甚至在海外华人圈内也广有影响。

《读者》原刊名是《读者文摘》，八十年代出刊以后曾与美国《读者文摘》（中文版）重名。在当时那个年代，世界上许多报刊都是重名的，不胜枚举。编辑部并没有把它当做一回事。但到了九十年代，随着国家有关法律的公布，问题就出现了。1990年，国务院公布了《商标法》，美国《读者文摘》抢先在中国注册，并向我方提出商标侵权的诉讼，要求本刊改名。而我们由于缺乏商标意识，对商标的注册并受法律保护的观念懵然无知。法律毕竟是法律，必须无条件地遵守。于是在1993年初开始，用了半年时间，向本刊的广大读者告知此事，并征求改名意见。1993年第7期起，本刊由《读者文摘》改名为《读者》，并同时注册成立。此事曾引起国内新闻媒介的极大关注，引发了“如何保护我国名牌商标”的讨论。

《读者》的更名给我们的启发是：在中国改革开放以后，我国将要与世界接轨，地球变得很小，成为一个地球村。我们所从事的事业，不能光从家门口去考虑，不能遵循“自扫家中门前雪，休管他人瓦前霜”的古训。你得在家门树起招牌，让全村人都知晓和认可。

1994年下半年，《读者》杂志社策划了《读者》的LOGO行动，于1995年上半年为杂志征集刊徽。此举引起了本刊读者的极大兴趣，在3个月之内，收到了国内外应征作品3万多件。并评出了二、三等奖。这一行动只是一个序幕。所起到的作用在于向公众进行形象宣传，进而确立《读者》形象。由于征集是群众性的，水平参差不齐，但这一步使我们分析了读者的设计倾向和对杂志形象的理解程度，决定进行第二轮征集。1995年下半年，杂志社又分头向中央工艺美术学院和几家有实践的设计工作室征求设计稿。这次收到的专家作品比群众性投稿提高了极大的档次。又经过筛选，与美术编辑任伟商量，确定由中央工艺美术学院陈汉民教授进行设计。陈先生是我国著名的商标设计家。中国银行、世界妇女大会等许多商标、会标都出自他手，作

1995年被评为一等奖的刊徽设计稿，因内涵与《读者》精神有悖而最终未能被采用

1995年，胡亚权与美编任伟选择了汉语拼音字符集DUZHE，与赵朴初先生的题字、陈汉民先生设计的蜜蜂刊徽三者组合，为现在的《读者》LOGO

2000年，商务部、甘肃省人民政府授予《读者》地标

陈汉民先生（左）与胡亚权

品以简朴和民族性见长。

陈先生和我通过几次电话，主要探讨两个问题：一、《读者》在读者的心目中到底是什么形象？一本书、一只鸽子、一条飞龙、一条彩虹、一只蝴蝶、一只孔雀、一支笔、一只苹果……真是五花八门。二、刊徽应是抽象的还是具象的，也有不同的看法。陈先生说，他对《读者》的理解应是一只采集百花花蜜的为人辛苦为人忙的小蜜蜂。它是很具体的。我们很快接受了陈先生的观点。等到改后的刊徽寄来时，大多数编辑都很喜欢。这是一只可爱的中华蜜蜂，它有4只翅膀，与洋人设计的两只翅膀并带尖刺的黄蜂大不相同。《读者》的刊徽就这样被确定下来了。随后是商标申请和注册，1998年第一期的《读者》杂志正式公布了《读者》的刊徽，它的登记号是“中华人民共和国国家商标局第1051047号”。

《读者》的LOGO行动只是一个开始。作为一个知名杂志，我们还有更多的更长的路要走，那就是企业形象的确定和随之伴生的LOGO。我们将扎实地前进，为的是认真地保护中国的、民族的广大读者和《读者》杂志的利益。

（注：这是1999年写的一个答记者提纲）

附：

他们有道德底线，那就是真善美

（《南方都市报》2008年5月23日）

在兰州山字石路，胡亚权先生寓所的阳台，开始了我们的谈话。胡先生说，他喜欢在阳台上读书，那里光线好，安静。我们的谈话在阳台上持续了一个上午，胡先生告诉我，他本预计在一个小时内就能回答完我的问题。

兰州的两天，我们的谈话一直在继续，我们甚至还抽出时间，一起去了兰州东部的兴隆山，爬到山顶，喝着三泡台茶，我们说得最多的，依然只有同一个主题，那就是《读者》。2001年，胡亚权从《读者》离退，并创办一份子刊《读者欣赏》，如今，胡亚权每个月还会回到编辑部看稿子，今年，他已六十四岁。

胡亚权每天的生活是读书、看电视、上网（用他的话说是冲浪），在睡觉前，他偶尔会喝上一罐啤酒。胡亚权说，他现在并不经常喝酒了，一个人喝没什么兴致。“当年在编辑部，大家经常一起喝酒，有一次，一帮编辑都醉倒在了我家里，后来，他们知道我冰箱里还藏着酒，没拿出来，他们都还很‘生气’，甚至记‘恨’至今。”

哪里有荒地，我就喜欢去哪里开拓

南方都市报：你是什么时候进的甘肃人民出版社？

胡亚权：1971年。我是1968年从兰州大学毕业，当时毛主席说，大学生要接受工农兵再教育。我们大部分毕业生就被分配到农场。我是在戈壁滩上的一个农场，后来和我一起创办《读者》的郑元绪也在这个农场，但是我们彼此还不认识。1969年，我就被调到了在酒泉的一个“农宣队”（农村毛泽东思想宣传队），离现在发射卫星的航天基地很近，在农宣队我干了一年半后，1971年，才被正式分配到甘肃人民出版社。

南方都市报：进出版社后，你的工作是什么？

胡亚权：1971年到1978年这八年。先是“局社合一”。出版局、出版社、新华书店都是在一起的，我就在出版社的总编办公室、发行部、新华书店、办公室这些单位之间调来调去。1975年，我开始编一个叫《出版简讯》的内部刊物。《出版简讯》以前就有，但是以前办

1995年，郑元绪回访，适有一读者参观编辑部，合影留念

1998年，一残疾青年（左二）坐轮椅周游全国，在兰州访问《读者》杂志

得就像文件汇编一样，后来我做的时候，就基本上做成双月刊了，一年能出五六期。《出版简讯》是出版社内部交流业务、传达上级意思的，当时就我一个人编。编辑过程中，我试图把报纸上一些非常适合编辑阅读的文章选进去。

南方都市报：听说就是因为你做了《出版简讯》，时任甘肃人民出版社总编辑的曹克己才找到你，让你着手创办杂志？

胡亚权：这是一个很重要的原因。到了1978年，落实知识分子政策，我便到甘肃科技出版社去当编辑了，干了两年，到1980年的夏天，曹克己从《甘肃日报》调过来。曹克己对出版有很独特的看法，经过调查，他认为出版社不能走老路，不然的话，大家将来都会没饭吃。那时候出版社出书不赚钱，出版社是由国家补贴的，一年补贴大概几十万。曹克己就想到了办杂志，听说我办过《出版简讯》，当时他还不认识我，他就把我叫去，他说，“我们要办刊物。”我说，“办啥呢？”他说，“你回去想吧。”

南方都市报：你就这样回去了？

胡亚权：是的。但是，我一个人是想不出来的，所以我就找人。我找同样出身的这些人，找来找去，没有人愿意过来，最后找了郑元绪。当时郑元绪在文教室，我是在科技室。他和我的人生经历很近似，平民出身，靠勤奋读书上了大学。他是在酒泉干过一段时间才调到出版社来的，比我要晚几年。我当时跟他一说，他很高兴，过了国庆节，我们就开始创办工作了。到了1980年12月，社里通知成立期刊编辑组，正式调我和郑元绪过去，业务我来牵头，曹克己直接领导。

南方都市报：你接到这个任务，是什么心情，会有压力吗？

胡亚权：恰恰相反，我是个喜欢新东西的人，对新鲜东西感兴趣。我以前弄过一段，虽然是个内部杂志，但这个办杂志的规律，我还是懂一点的。我看重办杂志，就是因为它本身充满了挑战，我这个人喜欢冒险，我喜欢开荒种地，哪个地方有荒地，我喜欢去开拓。当时出版社也有杂志、少儿刊物、文化革命教育类的宣传刊物，但是我下面要办的杂志一定不是这种，我要做出一点名堂来。

南方都市报：在当时，你们首先想到的是办一份怎样的刊物？

胡亚权：我们想要办的是一份综合性刊物，并且还要“以文为主”。我们也注意到，文学这一部分，从市场上讲，大家都喜欢，当时正是改革开放初期，人们都在说“没书看”，我们认为这是一个很大的前景。当我们想要办一份以文为主的刊物时，一开始就想到了文学、社会、艺术、科普以及哲学这些方面的内容，再加上青年，当时很流行对青年的励志。可以说，杂志的这些栏目并不是我们设计出来的，当时社会需求就是这样的。

南方都市报：办文摘类杂志，有人说，你们是受到《读者文摘》的直接启发？

胡亚权：不是。当时老曹要我们两个办杂志，我们一直在调查、研究这个问题，怎么弄这个杂志？办文艺类的，当时甘肃已经有一个《飞天》杂志；想办个青年的杂志，也不行，全国几乎每一个省都有。办一个原创性的杂志，也不行，我省作者很少，读者更少，甘肃缺乏这样的资源。所以我们就想走一条“多快好省”的路，原创性的都排除了。

最早受启发的是报刊的文摘，当时的报刊文摘就有了，各省的省报几乎都有文摘的版面，但文摘报纸主要是以新闻为主，不够过瘾，我们就想从办综合类文摘杂志这一块入手。我们是想到办这样一类杂志，后来才见到的《读者文摘》。郑元绪的一个朋友黄光荣，他在香港知道我们在办一份杂志的消息，他说，我给你们寄点美国的《读者文摘》给你们看，我们当时就是通过这样的渠道看到的。我们觉得这个杂志不错，很喜欢。

南方都市报：1981年4月，《读者文摘》上市时，市面上有些什么杂志？

胡亚权：1978年11月底，十一届三中全会召开，到了1979年，大家都开始动起来了。“文革”10年对文化的破坏，导致报纸、杂志纷纷停刊，每个省只剩下一两个，比如除了《人民文学》《诗刊》这些大户幸存外，没剩几家；报纸也被清理了很多，很多报纸都没有了；很多出版社都不能出书了，比如说我们甘肃人民出版社，一度都被撤销了，改叫“毛办”，就是“毛主席著作出版办公室”。1971年，我报到的地方实际上还不是出版社，是“毛办”。那时候出版社只出版毛主席语录和课本，其他书都不出。

到了1979年，大家都是蠢蠢欲动的，新闻出版界都在恢复。1979到1980年两年间，大量刊物开始创办，动作比较快的是1980年的，青年类有上海《青年一代》，后来妇女刊物也跟进了，如《知音》。《故事会》也是这一时期创办的。还有一些老刊改名，带头的是广东的《黄金时代》。《大众电影》也复刊了，在当时创造了月发行量960万的惊人纪录。

南方都市报：从一开始，《读者文摘》就将读者定位为高中生以上，这是怎么定下来的？

胡亚权：因为我们当时看到的很多刊物质量太差，就是一些地摊文学的水平，思想境界很低，对读者传播的一些知识很肤浅，也很庸俗，品位特差。我们当时就想办一个好的，比他们都要高一点的。我们公开讲，我们的刊物要适合高中以上的文化程度的读者阅读。可以说，我们当时就想办一本“高品位，高格调，高质量”的刊物，这是我们的目标。

南方都市报：提出做一份文摘类的杂志的想法，有没有遭到反对？

胡亚权：在出版社内部没有人反对。我们太弱小了，没人关注我们，我们也没有什么影响。这种状态一直延续到1985、1986年。当时说

《读者》杂志要调一个人来，人家都不太愿意，因为我们当时没有奖金，赚不了多少钱，即使发行100多万，也是这样的情况。那时候大家都重视书。出一本书，出版社补贴，作者不用掏钱，编辑声誉也好，大家宁可去出书。在出版社的内部，杂志编辑是低人一等的。

南方都市报：创刊期间，最难的地方在哪里？

胡亚权：最难的是这个杂志的方向的确定，一开始我们要反复琢磨。最后就确定了是一个开阔眼界的杂志，是探讨人生修养的杂志，是有人文气质的杂志。美国的《读者文摘》灌输的是一种西方的价值观，但是我们认为中国也有自己的价值观，所以我们就开始寻找一种最有效表现中国进步的、健康的价值内涵的形式。现在反思，我们可能有意无意地捕捉到了，并实践到了改革开放政策的真谛，那就是思想的解放。

南方都市报：我注意到，前几期你们选用翻译文章比较多，作为一份文摘杂志，你们是怎样挑选文章的？

胡亚权：一开始全是我和老郑来挑，我们甚至把大学的笔记本也都翻了出来。第一期刊发了《蠢人的天堂》，是译作。前几期，确实译文比较多，我们就是想集中介绍一些西方优秀文化。

我们的阅读量也很大，要把我们所有能见到的报刊都翻一遍，还有去资料室，我们还跑到兰大图书馆去找。一开始，我们就觉得我们两个人的力量是不够的，所以我们就发动广大读者，后来读者投稿成了很大的稿源了。我们一开始就发动群众投稿，这在全国的杂志里面我们是独创的，稿件源远流长是《读者》制胜的法宝之一。

南方都市报：《读者文摘》这个刊名是怎样定下来的？

胡亚权：当时，我们在社里公开征集刊名，汇集上来的名字至少有四十多个，有《敦煌文摘》《大众文摘》《书报文摘》等。但好像都离我们想象中的那个名字太远。就是在这个时候，我们看到了美国的《读者文摘》中文版。在征集来的几十个名字中，出版社讨论的结果竟也出奇的一致，都觉得《读者文摘》这个名字好，而且符合创办的这本杂志的意图，即编辑为读者摘文，读者为编辑荐文这一主旨。

当时，我们真没有著作权的概念，也没有商标法概念。实际上国际上同名的报刊很多，比如说《世界日报》《人民日报》，这些国外也有；《环球》《知识就是力量》杂志国内有，前苏联也有。后来，中央电视台做了有关《读者》商标问题的节目，提醒国人要保护自己的民族商标，大家才知道这个事情很重要。

你把我打倒了，我站起来还是可以做杂志。

南方都市报：第一期编辑完，你们在《光明日报》上刊登了广告，当时花了多少钱？

胡亚权：广告就发了两次，花了200块钱吧，当时已经算贵了。《光明日报》有比较多的知识分子读者，我们就是想把这个杂志打进知识分子群里面去，不过，当时广告一出来，有人就注意到有几篇文章的问题，“文革”的惯性还在那儿，人家眼睛锋利，嗅觉也很灵敏。

3月初，离正式出刊还有半个多月时，甘肃省委宣传部紧急通知我们暂停出刊。后来我们才搞清，有同志在《光明日报》上看到了我们刊发的广告，对其中拟发的三篇文章提出质询。这三篇文章分别是反映刘少奇蒙难的《共和国主席之死》《彭德怀的最后八年》与《省委第一书记》。上面立即询问这本新创办的《读者文摘》有什么背景，怎么一开始就弄这么多敏感的问题？甘肃宣传部领导出于慎重，调去当期稿子审读。之后，又找曹克己谈话，指出另外几篇如《末代皇妃李玉琴》等稿子也有问题。曹克己代表社里做了检讨，把责任承担下来，并表示把有问题的稿子全部换掉，再报批。

按照杂志预定的创刊日期，当期抽改稿子有点来不及了。手头也没有更好的稿子可以更换。正好我和郑元绪不约而同地读到一篇张贤亮的短篇小说《灵与肉》。这篇小说原发在宁夏的《朔方》上，没有多大的影响。我刚开始觉得这篇小说有些长，几乎有一万多字，不过当时正好可填补被抽掉的几篇稿子的空白。《灵与肉》后来拍成电影《牧马人》，影响很大。

南方都市报：这件事对杂志有些怎样的影响？

胡亚权：那几篇文章后来取下来了，我们俩对这个事情的处理方法都一样，不让我们用，我们就不用，我们换其他的用，照样不影响

《读者》杂志社赴新疆慰问边防战士，吐尔尕特哨所，1998年

胡亚权、郑元绪，冶力关，2009年

杂志的质量，而且这类敏感的内容，我们以后也不用了。好文章多的是，为什么非要用这类呢？这次“变故”对这本杂志来说很重要，可以说是确立了《读者文摘》不以“敏感题材”去争取读者的办刊方针。我们都是从“文革”过来的，那些激烈场面我们都经历过了，知道这次已经是最宽容的了。他们一批评，我们就知道错在何处了；他们让你去掉，这不是最宽容的吗；他们没有追究你的政治责任，我们就觉得挺高兴了。

南方都市报：“文革”的经历，会不会让你“有所怕”，也使得你们更加警惕？

胡亚权：这本杂志的最后形成，和我们两个的“文革”经历，我认为是有很大关系的。我们经过这种人与人的无休止阶级斗争，自己也挨过整，我们就认为，不可能把全国人民的思维掌握到哪一个人那里，应该允许每个人有自己的思维，国家有国家的价值观，个人有个人的道德底线。我们这个杂志一开始就有一个道德底线，就是人类社会的真善美，我们必须要宣扬这个东西。为什么？因为这是最起码的道德线，比如农村的随便一位老太太，她都以孝顺长辈，不能偷，不能抢，不要说谎，借东西要还，要用双手找饭吃这些道理来教育子孙后代，人类社会本来是这样子的，可是，连这些最基本的东西，都在“文革”中遭到质疑和否定。

南方都市报：创办《读者文摘》，能不能说是有你们的抱负和野心的？

胡亚权：我们在创办时，真没有野心。我们就是说，办成甘肃最大的杂志，因为我们一开始是面向全国的杂志，我们就这么一点点野心。但是野心和欲望都有这样一个特点，都会在新的基础上不断地膨胀。到年底的发行量达到九万的时候，我们就开始想，明年要增加到二十万；第二年我们已经上到三十几万了，快四十万了，那我们想下一年我们给它增多到八十多万。野心就这么不断地膨胀上去。

在1981年，绝对没想过我们杂志发多少，没想过。第一期印了3万，一半送人了，寄给各省的报馆、图书馆、朋友、文化人，只发行了一万五千册。没想到这个杂志发展很快，不知道什么原因，可能是我们这个杂志和别的杂志不一样。读者见到新鲜，他一读，觉得这个杂志不错，虽说很朴素，但句句说到心坎上去了。我们当时的说法就是，我们要比别人好半步，多走半步就可以了，总是要好一点点。

南方都市报：当时第一期印了3万份，这个数字是怎么定下来的？

胡亚权：我们也很不坚定，就胡蒙一个数字。当时在书店发行，他们说，印多少？我们就说，现在的书印多少；他们说，现在的书最少要印两三万；我们就说，我们就印三万吧。说了印三万，这个书店还对我们不感兴趣，当时一个副经理跟我开玩笑："你们甘肃出不了什么好杂志，卖去吧，能卖多少算多少！"我们到了邮局，也听到了同样的说法，我说，“我们试试还不行吗？”

南方都市报：把杂志编完，印刷出厂后，你们懂发行吗？

胡亚权：不懂，一点都不懂。因为我们从来没做过。当时的发行是这样的，我们前三期是在新华书店卖的，你卖多少，就是多少，结账就行了，我们也不管。到第四期开始，我们觉得这个不行，找到邮局，邮局说，“你们甘肃还能办啥杂志？你们这样子，我给你发可以，但是你得一万份起算。”意思就是说当时很多杂志印不了1万份，都是几千本。他说：“我要1万份给你算折扣，你敢不敢？”我说：“敢！”其实我们那时候已经四、五万份了。到了当年底，我们就发到9万份。

南方都市报：《读者文摘》真正开始盈利是从什么时候？

胡亚权：1981年的《读者文摘》是二毛钱一本，我们给邮局的折扣是37%，除去印刷费，杂志赚不到多少钱。我记得一直到1985年，我们一年的利润才二十多万。我们每本定价3毛钱，邮局拿走1.1毛钱，印刷费用大概1.5毛钱，那我们一本才赚4分钱，即使发行到15万册也才只能赚不到一万块钱，所以出版社的收入是非常微薄的。1984年，社里也就每年赚几万块钱，八十年代后期每年三五十万，到九十年代中期有广告的时候，社里收入就多了。

南方都市报：每次印数上升，你们几个人都会跑去喝酒？

胡亚权：我们几个人都有一个特点，就是喜欢以小吃自我庆祝，来长精神。八十年代前期，我和老郑往往有个习惯就是，猜发行量——下一期多少，往往我猜得比他要准确一些，我是一个乐观主义者，我猜得高，老郑猜得要低一点。发行量一上去，我们就去喝酒。有时小饭馆里买上几大碗啤酒，高兴一下。

南方都市报：《读者文摘》编辑部到什么时候才有新人过来，当时的编辑部，是怎么样的一种工作环境？

胡亚权：在1980年，我们的办公室不足10平方米。1982年后，我们搬到新楼，办公室已经变成四五个人了，我、老郑外，文字编辑彭长城、美术编辑高海军，还有两个人，一个是工人，爱写诗，过来给免费帮忙，另一个是兰州大学中文系的研究生。几个人在一起非常好玩。我对面墙上贴着印数统计图，天天盯着那个东西看，每个月的印数出来，我都自己剪红纸条贴上去。1994年我再回《读者》时，印数还是300多万的时候，我就把那个上限划到了500万，他们说太高了，后来我们突破400万了，没过多久，就有了期发行503万的记录。

南方都市报：我注意到，1983年11月，《读者文摘》推出的是10月、11月合刊，10月份的《读者文摘》为什么没有正常出版？

胡亚权：1983年10月，杂志遇到了麻烦，比起刚创办时的那次风波，这次要“严重”得多。1983年初，全国正在整顿报刊与出版界的精神污染问题，中央政策研究室的内参上发表了一个专题材料，题目是《甘肃〈读者文摘〉以大量篇幅宣扬资产阶级思想》，这个材料列举了杂志创刊以来的三大类“有问题”的文章，这个材料写得火力很猛，在当时的背景下，抛出这样一篇东西，使《读者文摘》很可能成为一个“靶子”。

这个“精神污染”事件最大的一个罪状就是我们登出了有关美国尼克松总统的文章，谈到美国人说是最差的总统，中国人说是最好的总统，因为中美的关系是他打开的。这个事情使我们后来很警惕，就是我们对意识形态的认识还是不够，有关的问题我们还是不懂，我们必须避开。胡耀邦总书记看到这个内参后，提笔批示给当时的甘肃省委书记李子奇，让其过问此事。李子奇正在北京学习，他当即要求甘肃省委宣传部调查解决。当时的省委宣传部部长聂大江，决定组织一个专家组，十天后，聂大江召集了一批高校的教授与甘肃省内的文化人，组成一个小组，对《读者文摘》的问题进行清查。

兰州大学教授柯扬先生与西北师大的甘棠寿教授分任正副组长。柯扬先生一直在阅读《读者文摘》，是忠实读者。他对那个材料的行文非常反感，经过三天的仔细审查，最后他们形成了一个报告，这个报告肯定了杂志的成绩。审查小组最重要的一条结论是：同意让《读者文摘》针对上述问题进行整改，还是可以办好这个杂志的。这个报告的潜台词是杂志不能停刊，报告呈给了聂部长。甘肃省省委宣传部经过慎重考虑，决定继续办好这本杂志。10月中旬，甘肃人民出版社接到省委宣传部的通知，杂志于第11期恢复。

南方都市报：也正是这个风波，你离开了《读者文摘》，你会不会觉得很冤屈?

胡亚权:这个“精神污染事件”,我们并不是觉得很倒霉,而是觉得很窝囊,我们这么辛苦地干事,还有人盯着收拾我们,10年以后我们才知道其中的点滴内情,是内部人告状。不过,我这个人的优点就是想得开,我不就是个编辑么,老百姓一个,我又不是当官的,你把我打倒,我坐起来还是可以当编辑,我站起来还是可以做杂志,无所谓。老郑也很难受,不过,迫于压力,要把主要负责人调开,1985年,我离开了编辑部,出版社的领导让我到甘肃少年儿童出版社当总编辑。

南方都市报:你离开时一再强调要“坚持竖三栏,轻易不要改”,为什么?

胡亚权:我离开前,我跟老郑讲,你要把《读者》搞好,不要让她再出问题。说到竖三栏,其实我们杂志本来是双栏排版的,到了1983年后,我就把她改成三栏了。我发现三栏是最好的方法,后来我就跟他们说要把三栏坚持到底,现在的16开杂志就是以三栏为主。我最后说的这句话,讲的是技术上的问题,实际上,我离开时一再说的,是要他们把《读者》保住,一定要保住!

本报记者 钟刚 实习生 陈乃琳

《读者·乡村版》发刊词

（《读者·乡村版》创刊号1999年第1期）

2000年对每个地球人都是怦然心动的一年，二十世纪的最后岁月行将逝去，新世纪的朝阳会冉冉升起。在跨世纪的今年，可能人人都想为这个世界做出一件有益的事，《读者》编辑部的全体同仁也不例外。

十九年前，《读者》杂志乘改革开放的东风，发轫于黄土高原，风行于神州大地，取得了世所公认的成绩。在世纪之末，我们提出一个全新的动议：要为九亿中国农民办一件好事，帮助他们和城里人一起跨入充满神奇希望的新世纪。于是诞生了这一份杂志——《读者·乡村版》。

《读者·乡村版》创刊号，2000年

《读者·乡村版》是《读者》的子杂志，她将以《读者》的固有特色和独特视角，聚焦农村，寄情田园，传播科技，倡导文明。以《读者》风格编辑的这份子杂志将是丰富多彩的。她既有中国传统文化色彩，又有世界各国历史风情；既有乡下人向往的大城市喧闹节奏，又有城里人挂心的大自然安适逸静；既有中国农民迈向现代化的豪气壮举，又有工学商军各界对农民的支援关心。

《读者·乡村版》在新世纪前夜诞生了，她的成长将在二十一世纪。我们有信心认为，十年后的乡村版将随中国农民一道繁荣起来，发展起来。

胡亚权

（2000年《读者》的第一份子刊《读者·乡村版》创刊，胡亚权兼任主编。该杂志由副主编陈泽奎主持，创办者还有高剑峰、王铁军）

《读者欣赏》创刊号，2001年

《读者欣赏》发刊词

（《读者欣赏》创刊号，2001年第1期）

经过一段时间的紧张筹划，《读者》的第二份子杂志《读者欣赏》终于面世了。

两年以前，我们在设计这份新杂志时做过这样一些思考：信息爆炸和现代生活的快节奏必然导致读图时代的到来。而读图时代的成熟市场需要很长时间的培育。互联网正在做这方面的一部分工作，但远远不够。我们应当适时地开展运作，并为之做出努力。做什么好呢？长期存留在脑海中的两个字蹦了出来——欣赏！

是了，我再也想不出别的字词可以代替这一概念。

欣赏是一个令人愉悦的词，《辞源》上的解释是，领略，赏玩。晋陶潜陶渊明《移居诗》之二：“奇文共欣赏，疑义相与析”。是啊，陶渊明是欣赏大师，他的诗句为后人留下了寄情自然、领略人生的新境界。所有的文学家、艺术家、思想家、政治家以及民间的能工巧匠都是欣赏大师。正是他们，为人类文明的殿堂增添着无尽的光彩。

欣赏当然不是大师的专利，而是人人生而获之的自由和权利。我们欣赏什么呢？

我们欣赏生活，欣赏生命，欣赏人生；欣赏历险，欣赏山川，欣赏自然；欣赏古迹，欣赏收藏，欣赏历史；欣赏文学，欣赏艺术，欣赏体育；欣赏科技，欣赏发明，欣赏新知；欣赏前卫，欣赏时尚，欣赏趋势；欣赏你所爱的人或某种气质……值得我们欣赏的事物太多太多，让我们来多点欣赏吧，相信这种过程会给每一个人带来振奋和精进。

这份杂志正是为引导读者经历这类奇妙过程而办，正如本页引用古人金文三字之旨——为共赏！

《读者欣赏》将以图为主，以文为辅；图以传情，文以达理，以此编辑思想，串带起古今中外的至美作品，营造一所精神家园，为读者引进一袭思索，记录一份心情，留下一嫣微笑，播下一因慧根。因此，《读者欣赏》的内容应力摩上乘，具有相当的品位；《读者欣赏》的风格，将力求雅畅厚实，经典与时尚共存，沉积与趋势并生，使人在轻松的阅读中领受兴味之妙境。虽然每个时代的风化标准不同，但我们坚信，人类对美好事物的追求和理念，是一致的。

《读者欣赏》既不是专业性杂志，也不是时尚类刊物，只是一份供大众培养高雅情趣和良好素质的综合类画刊型月刊，大家宁可把她当做高尚公民的美学入门读本去阅读去收藏。

读了本期创刊号，您或许有些好感和联想，或者还有更好的见解；如果您真的有那么一点点激动，欢迎与我们交流！更欢迎加盟，成为本刊的一员。

胡亚权

2001年10月于兰州

《读者欣赏》早期创办者。左起蒲安应、王光辉、胡亚权、李伟杰，2001年

西班牙巴塞罗那喜逢画家冷冰川夫妻，1998年

创刊一年

（《读者欣赏》2002年第10期）

《读者欣赏》创刊已整整一年了，出齐了12期。去年今日，我们说过，“《读者欣赏》将以图为主，以文为辅；图以传情，文以达理，以此编辑思想，串带起古今中外的至美作品，营造一所精神家园，为读者引进一袭思索，记录一份心情，留下一嫣微笑，播下一因慧根。”纵览已出的《读者欣赏》，自问：我们做到了吗？心在答：在做，在做，在做。

一年来，编辑部的五位同仁究竟做了些什么呢？

在做文化。

在追求，追求一种历史的责任和宿命；在固守，固守一种人类共同的道德和情操；在探索，探索时代的脉动和现代美的潮流。

又在做概念。

在把握，把握一种崇高的品位和水准；在涵盖，涵盖着大千世界的妙境；在亲和，亲和着忠实的读友。

还在做特色。

在梳理，梳理着编辑的思路与读者的需求；在精粹，精粹着杂志的内容和质量；在舒朗，舒朗着包装和明快的风格。

瞧，我们就做了这些事。可以看出，我们是认真的。我们的认真换来了这本杂志的社会价值，这便是广大读者的认同。这次读者调查中，对本刊的认知率达到了92.5%，就是一个证明。

现在我们已进入下一个工作年度。2003年的编辑心态是什么？是自信和乐观。有两句话我们要记怀于心，这就是：

一叶一菩提

一花一天国

《读者欣赏》毋宁就是一粒沙或一朵花，只要我们热爱它，我们便是富足的，美丽的。如果读者朋友们在《读者欣赏》里找到属于自己的一粒沙或一朵花，你一定也是富足的，美丽的。

主编：胡亚权

与美同行
——写在《读者欣赏》创刊两周年

（《读者欣赏》2003年第10期）

在当今社会，“文化”是一个点击率极高的名词。有人拿它画符号，有人拿它当招牌，有人拿它充时髦，亦有人拿它作武器，可又有多少人去探究文化的含义了呢？在西方的词典里，文化是历史、民族、地域、艺术、风俗的综合体；在东方的词典里，文化是文治教化的意思。把二者结合起来理解并实践之，便是本刊的第一个理念。

两年多来，《读者欣赏》已出刊24期，在这份号称“用图说话，以美示人”的杂志中，大家可能已读懂办刊人的初衷了。所以在这次广告语征集活动中，读者对本刊的理解大体有这么几个方面：

《读者欣赏》，真水无香（说特质）。

《读者欣赏》，与美同行（说宗旨）。

《读者欣赏》，卓越人生（说志趣）。

《读者欣赏》，让你心动（说效果）。

《读者欣赏》，美育读本（说功用）。

本来，从多方面多角度去审视一件事物是极其自然的事，可是在习惯于惰性思维的当代，这样做实属不易，所以我们对这些广告语十分珍视，并努力从中提取最精到者，以便正确表述本刊，这个行动仍在进行中。

不管怎样，绝大多数的读者对本刊是肯定的，认可的，热衷的。因为本刊的读者都有一些共同的特点：他（她）是一位爱读书的人，还喜爱艺术，爱好旅游与摄影，喜爱音乐，心境平和，珍爱生命，总而言之，他（她）一定是一个热爱生活的人。

为热爱生活的人办一份可传于世的杂志，是本刊的第二个理念。这本杂志在哪些方面可传于世呢？可能是：

人其趋闹，我取其静。

人其趋丑，我取其美。

人其趋近，我取其远。

人其趋俗，我取其雅。

人其趋杂，我取其素。

《读者欣赏》的第三个理念是：用一种特立独行的办刊语言为本

刊读者服务。

有一伟人说过一句话:“走自己的路,让别人去说吧。”用中国话简单比对,就叫“我行我素”。在眼花缭乱的多元化现代社会里,“素位其行”应当是一种艰难的融合过程,我们的确在这样做,并且取得了可喜的成绩。本来我想用“我素故我行”这句话作纪念本刊创刊两周年的标题,再次斟酌,还是觉得读者投来的这个广告语好:“《读者欣赏》,与美同行”,于是借来用作标题。

欣赏使生活高尚

（《读者欣赏》2004年第10期）

本刊本期付梓的时候，已是《读者欣赏》创办三周年。36期杂志沉甸甸足有8千克重，此中有数百作者的上千篇文章和古今中外的上万幅优秀图片画作，也凝聚着编辑部6位同仁的心血和希冀。

三年以往，编者、作者及广大读者对本刊的定位及特色的认识有一个逐步明晰的过程，概括起来就是：

我们在作文化。当本届奥运会开幕式在希腊雅典向世人展示时，全世界都感受到了西方的历史、宗教、艺术、民族和风俗，这便是西方文化。本刊正是紧扣人类文化的主题，传播人类文明，实践着“以文化人”的古老追求。

在文化中，我们在作艺术。艺术是用技巧和想象创造的可与他人共享的审美对象、环境或经验。艺术的单纯审美目的使本刊走上了一条唯美主义的路。我们试图将《读者欣赏》变成一种能使每一位中国人受到审美教育的大众读本，这就是本刊将国外艺术大师和中国艺术大师作为重点的真正理由。

在艺术中，我们在作图像。21世纪将人类带入了“重图像甚于事物”（费尔巴哈语）的“读图时代”。图像文化业已成为当今人类不可须臾或缺的精神食粮，本刊试图成为这个充满坚强和时尚气息的时代冲浪者。

在图像中，我们在作视觉。在网络时代，人类长期幻想的视觉图像虚拟空间已成为现实。而视觉文化最有力的工具——摄影艺术则成为继美术以外的本刊第二强大工具。这就是本刊在社会、艺术、自然、人生四大板块中强调摄影语言的初衷。

在视觉中，我们在作时尚。时尚作为社会生活的前沿和推手，一直是传媒的结点。虽然本刊的时尚结点还不够牢固，但大家可以感受到，时尚正在被强化着。

希望大家从我的简要表述反推回去，便可由局部到全貌大致了解到本刊的特色。这就是通过时尚、视觉、图像、艺术和文化，传播人类文明。

《读者欣赏》只是中国数百种文化期刊之一，但她确在作着先进文化。这种文化是高尚的、高雅的、美好和纯真的。每位自然人都有享受文化的权利，希望每位热爱生活的人都来阅读本刊。因为：

欣赏是一种享受，欣赏使生活高尚！

写在《读者欣赏》100期

（《读者欣赏》2010年第2期）

《读者欣赏》的编辑小祁打来电话说："《读者欣赏》100期了，您能否写一点文字以示纪念？"我很吃惊，《读者欣赏》这么快就100期了。100期是什么概念？这些杂志摞起来足有二尺高、近百斤重，岁月跨度8年有半。

2001年初，因年龄原因我从《读者》工作岗位退了下来，只留了一个《读者》顾问之名衔。恰好上年度秋天新闻出版总署给读者杂志社批了一个新刊号，因刊号是我主持登记，刊名也是我提议，就顺势任命我为这份杂志的主编，让我创办这份新刊。这份杂志就是《读者欣赏》。

2005年起，胡亚权被聘为《读者欣赏》特约编审

欢送老编辑李伟杰，前排左起蒲安应、陈泽奎、胡亚权、王铁军，后排左起祁莲、郭佳美、任振鑫、李伟杰、王先孟、李双、苏保瑞，2011年

我在发刊辞上说："《读者欣赏》将以图为主，以文为辅；图以传情，文以达理，以此编辑思想，串带起古今中外的至美作品，营造一所精神家园……《读者欣赏》既不是专业杂志，也不是时尚刊物，只是一份供大众培养高雅情趣和良好素质的综合性画刊型月刊，大家宁可把她当做高尚公民的美学入门读本去阅读、去欣赏。"

简单地说，我们的初衷是办一份图片版的《读者》，我们最初的编辑方针是"用图说话，以美示人"，试图用优美的图片来诠释《读者》一以贯之的人文精神。编辑部大厅里张贴着"一叶一菩提，一花一天国"的标语。"让世界充满爱"是《读者》的精髓所在，"让生活无限美"则是《读者欣赏》的最高境界。

自创刊至今，这份杂志经历了探索铺陈、升华扬弃、华丽转身这样的心路。

初创阶段，铺陈为主。杂志以拉网式手法获取人们耳熟能详的大师级人物，大篇幅密集介绍，使读者兴奋不已。其中有米开朗基罗、达·芬奇、大卫、安格尔、毕加索、米罗这一级别的西洋绘画巨匠，也有顾恺之、吴道子、八大山人、齐白石、张大千、徐悲鸿这样的中国画大师。摄影影像、建筑装置、工艺设计、文化古迹、风光遗产，万千世象令读者眼界大开。一份优美而雅致的图片刊物就这样立了起来。

第二阶段，扬弃升华。一些高学历的"80后"编辑进入编辑部。他们以年轻的眼光重新审视这份杂志，大胆舍弃杂志中陈旧的内容，设法用新世纪的思维取而代之。以《文化纪事》为代表的栏目被重视、加强、充实，并逐步成为拳头栏目。要知道，这类栏目的设计策划全靠主编的视野和编辑的功力。他们做到了！读者在文化中体验了历史的重量，在纪事中汲取了文化的营养，《读者欣赏》的文化品位得以提升。编辑的视角和杂志的触角从国内转向全球。

第三阶段以2009年为标志，《读者欣赏》华丽转身，篇幅增长到140页，突出了专题策划，以集束式的大手笔，推出了一系列历史、文化命题，以轻松的方式，从各类专家学者的最新研究成果里寻找这类历史文化谜题的最新答案。杂志在保留原绘画、摄影等拳头栏目的基础上，突出了文化和生活的元素。当我读到那些美食文章时，脑细胞比味蕾还要激动。那些思别人未曾思、道别人未曾道的随笔文字也常令读者耳目一新。杂志圈内都知道，高端杂志要靠大资本运作来支撑。《读者欣赏》依靠小资本、读者的忠诚度和编辑的奉献精神运作，并取得了不凡的业绩，实属不易。在此谨以一位普通读者的身份向编辑们致以敬意和节日的问候。祝愿《读者欣赏》在现代期刊发展大潮中经受住更激烈的洗礼并取得成功。

《读者欣赏》拥有一批优秀的编辑，他们因年轻而富有活力，因活力而富于激情，是一支创新型的队伍。是他们，实现了以网络为依托的、可向全球组稿的电子编辑手段；是他们，开自主策划之将杂志从单一文摘转变为原创为主；也正是他们，蹚出了一份全彩高端杂志的编刊新路。我相信，在读者出版集团强有力的领导下，《读者欣赏》在即将到来的虎年必将虎虎有生气，实现新的进步！

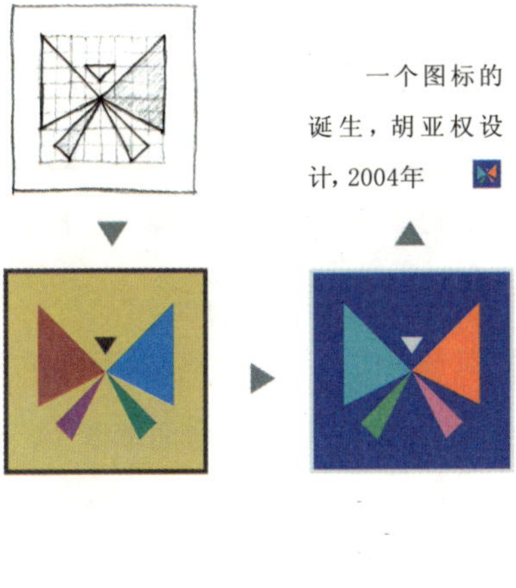

一个图标的诞生，胡亚权设计，2004年

生命之华
——《读者欣赏》十年精华序

世间万物皆有渊妙，每一个生命体都有他一生中的美丽，生物尤其。大到鲸象鲲鹏，小如蜉蝣蝼蚁；巨似千年古柏，渺至无名小草。每一物种都遵照自己的宿命，沿着纯粹于自身的轨迹，走他自己的路。人们太注重热切，却忘记冷洌；太注重宏举，却忽略些小，于是新生命的诞生，如同沙漠瀚海里恰逢一场暴雨而绽放出几朵小花，能有谁知？1981年春，兰州，黄河之滨龙尾山下，甘肃人民出版社，四楼朝南一间偌大的办公室，只有两位编辑办公，那就是创刊伊始的读者文摘编辑部。空落落西面墙壁上，张贴着一幅手写的标语，写着："世界上许多最美丽的花，往往开放在无人知晓的地方。"那副标语是我从一本书上抄写下来并贴在墙上的。当时不要说在中国，就是在兰州新闻出版圈，也鲜有几人知道甘肃有一份名叫《读者文摘》的杂志。我俩希望张贴这份标语给自己鼓气。自信，《读者文摘》虽然诞生在无人知晓的地方，但她一定会是最美丽的。30年的时空转换印证了我们最初的判断。《读者文摘》1993年改名，就是今日的《读者》。

2001年，我开始做另一件事情，那就是创办一份全新的《读者》子刊，她的名字叫《读者欣赏》。也是在一间大办公室里，我们几位编辑在南墙醒目位置张贴了一副标语，写道：“一叶一菩提，一花一天国”。原是英国诗人布莱克写下的禅意诗句。我们的初衷是想把这份杂志办成一朵能够轻易进入人们各自小宇宙里的小花。当然，她一定也会是最美丽的。十年下来，《读者欣赏》，如小荷，才露尖尖角，却渐显风韵。

《读者欣赏》其实是《读者》的图片版，是一份《读者》的视觉杂志，她秉承《读者》的人文精神，凸显《读者》求真向善唯美之中的美学主张，试图彰显人们尚未发掘的形象美心灵美。以此为原则，《读者欣赏》开辟了一些在同类期刊中不常有的边缘栏目。如“大师巨匠”、“文化纪事”、“艺术人生”和稍后些开办的“古韵今谈”、“鲜话说吧”等。这些栏目图文并茂，谐趣天成，绘声绘色，甚是悦目。

“文化纪事”作为《读者欣赏》的老牌栏目最早进入读者视野。文化以纪事的形式出现，在当年的中国还挺新鲜。因为“纪事”不同于“记事”，“记事”只是简单记录，“纪事”却具有思索考量和纪年般的史诗价值。早期的文化纪事带有某种热点焦点的味道，如《西游记和真实的唐僧唐玄奘》对位于当时热播的电视剧和百家讲坛，《热闹的宋朝楼市》中则谈到宋朝当官的苏东坡和同样当官的他弟弟苏辙在京城买不起房子的故事，有一点借古喻今的味道。随着这份杂志的成熟，文化纪事开始有了系统和规模，广度和深度。编辑们试图从春秋战国到唐宋元明清政治、军事、文化领域里一些带有文化色彩的事件中，把其脉络，萃其精华。他们策划了“水煮春秋”、“魏晋风骨”、“唐诗之路”等等令人过目难忘的选题。使读者知道了，春秋战国时期的第一大圣人不是孔子而是治齐的管仲，第一名将不是吴起而是演绎晋楚城濮之战的先轸，第一策士不是张仪而是到处献策到处碰壁的孔子，第一刺客不是荆轲而是豪言退嬴政的安陵君门客唐雎……

我最喜欢《窝在禅里听故事》中那走不回的小和尚的故事。说，有一寺院要扩建，须移走一株珍贵的树。方丈让他的两个弟子去完成。两人来到树下，没挖几下，小和尚的铁锨不好使了，说要去修。另一位说，把树移走再修也行。小和尚嫌慢，跑去木匠那里借斧头修铁锨。木匠的斧头刚刚坏了，木匠说用菜刀将就着给他修修。小和尚说，不行，菜刀修起来太慢，而且修不好。于是拿起斧头到另一个村子找铁匠修斧头。可巧，铁匠的木炭用完了，开不了炉子，修不了。于是小和尚放下斧头去山里找烧炭人。烧炭人说，他因为缺乏木料已经很久没有烧炭了。小和尚又赶紧去找运木料的人。运木料的人说，因为他的牛病了，所以没法运木料……几天之后，寺院里焦急的和尚们终于在一个小路上找到了小和尚，他正提着几包草药匆匆往运木料人家中赶。问他为啥买药，他说给牛治病；又问为啥给牛治病，他说要运木材……至于移树的事，他早已经忘得一干二净了。在现实生活中，类似小和尚的人和事何其多也，想来我大概也在其中。迷失自我是常有的事，要紧的是不断追问，我是谁，我能做什么和我正在做什么。在“魏晋风骨”中，有一则故事说，殷洪乔要升官了，去做豫章郡太守，乡里人写信拜托，总计100多封。经过石头城，他把信统统抛入江中，口中念念有词：“该沉则沉，该浮则浮，我殷某不能给大家当邮差！”一句话点透宦海沉浮，耐人寻味。过去我们所知所学大都来自正统教育，读这些另类妙文，常常令人击节感叹。

人物栏目乃《读者欣赏》初创阶段所为。那时候，传媒对文艺界人士的集中介绍如凤毛麟角。编辑部想通过此栏目优选一批真正的文化精英们的历史贡献，进而积淀下来，完成对文化的顶礼。梁思成、成从周、林徽因、张伯驹、王世襄、刘文典、常书鸿、巴金、庞荣臣、徐志摩、李叔同、吴清源、丰子恺、廖冰兄、梅兰芳、汪曾祺、张允和、冰心、林海音、流沙河、吴祖光、马三立、启功、季羡林、章含之、何香凝、李苦禅、林兆华、陈逸飞、赖声川、吕凤子、吴湖帆、吴作人、黄永玉、谢稚柳、徐悲鸿、潘天寿、贝聿铭……这些名字因他们的事业而闪光，他们的共同点是永远有一颗中国心。也有一些陌生的名字。在一篇叫《国宝守护人——缅怀生父马衡》的文章中，我们读到一段被尘封的历史。1931年“9.18事变”，日寇占领我国东三省。1933年初，20多万件故宫文物分4批共13427箱乘火车离开北京南迁。这批故宫文物辗转上海、南京。1937年“七七事变”后又分南、中、北三路踏上西迁之路，历经了日机轰炸、土匪拦截、敌特跟踪以及激流冲击、山道险峻、生活困苦等艰难险阻，于1939年底将这些国宝分别安置在贵州安顺、四川峨眉和四川乐山三地，直到1945年抗战胜利后三批文物完璧运回南京。历时13年，走遍大半个中国，竟然无一件损毁和丢失，堪称世界文物史上的奇迹。这场惊心动魄的文物大转移的组织者是时任故宫博物院院长的马衡。正是他和他的团队，抱着“文化之根在，中国不会亡”的信念，用心血和生命诠释了什么是爱国主义。后话是，1949年国民党政府将这批文物的1/4运到台湾，1965年在台北成立故宫博物院。从此，世界上有了两个故宫博物院。今天的数字是台北故宫博物院现有藏品65万件册，清宫旧藏及遗存占92%以上；北京故宫博物院藏品约150万件，85%为清宫旧藏及遗存。

保持良好的个人爱好是提高人们生活质量的重要手段。于是杂志持续地开办了收藏栏目。于其他众多收藏杂志有别，《读者欣赏》的收藏偏重于文化内涵而不在于经济价值，她试图通过藏品的历史文化价值和美学价值向人们指引一条步入人类文明殿堂的便捷小径，让人们的灵魂圣殿得到涤荡，让人们的修为在欣赏中得到提升。于是有了文房清韵、故宫钟表、木器家具、书画印玺、犀角玉器、珠宝缂丝等精美绝伦的中国文物图片。适应时代开放的需求，还介绍了许多国外的世界知名品牌，从卡地亚珠宝到劳力士手表；从施华洛世奇水晶到Zippo打火机；从梅赛德斯-奔驰到哈雷摩托；从丘吉尔的雪茄到美国总统的礼品，真有点五花八门。

比如读《民国收藏第一人——张伯驹》，这位号称清末四大公子之一的阔少，从30岁到60岁这30年间收藏的历代书画117件，其中有号称天下第一墨宝的《平复帖》和天下第一名画的《游春图》。他可以变卖房产用220两黄金买下《游春图》，以110两黄金购入《道服赞》。新中国建立后，他将所藏精品如《平复帖》《游春图》《道服赞》《张好好诗》都献给了国家。他的收藏目的不在财富，而在于保存传薪发扬昌大祖国的传统文化。与此对应，在《那些总统的老玩艺儿》中却读到，美国第3任总统杰弗逊出身是土地测量师，他留给后人的收藏品是各种测量工具、大理石镇纸、皮面日记本、纯金和玻璃制成的墨水瓶、折叠眼镜等。他是《独立宣言》起草人，还兼有美元之父、美国领土的拓展者、民主党的鼻祖、一个很负责任的土地测量师、一个充满奇思妙想的建筑师、一个有见地的哲学家、一个富有的藏书家、一个音韵学家、一个文学家等种种头衔。他的价值取向显然与康熙乾隆们不同。

这本书的最后一个章节是随笔。随笔随笔，随心落笔。仅仅浏览目录就会让你心动不已。什么《昆曲宝典》《“四大美男”大结局》，什么《天桥八大怪》《古代名人广告》，什么《如厕之筹》《玩命养生，唯命是从》足以掉你胃口。我先推介一篇叫《十里红妆女儿梦》的小文。

“咚咚咚，锵锵锵！马来哉，轿来哉，王家嫂嫂来哉。一扛金，一扛银，陪嫁丫头两旁分……”说的是旧时江浙嫁女的风俗故事，娶亲队伍足足有十里长。“……排在队伍最前面的是红脚桶，红脚桶大小不等，一只套一只，是女人最常用的器具……”在江浙一带，如果有媳妇说她可是“十里红妆嫁过来，八人大轿抬进门”的，那可是门面和尊严，一位江南女子对幸福人生的最高追求。那篇《韩信如何找工作》也颇有可读性。作者以现代人的眼光，把西汉韩信拽到今日之人才市场平台上，用大家耳熟能详的韩信生平说事儿，颇有新意。《古代名人广告》中的伯乐收了马贩子好处，只是用绕着马转转，将脑袋点点，再回头看看三个形体动作，一言不发，那马就卖出去了。名人嘛！看来古人用起名人效应一点也不输今人。《回首尽是“山寨”史》使我们回想起蛤蟆镜上保留标签贴的那个时代。《忽悠没商量，古人也疯狂》让我们联想到赵本山的卖拐系列，为什么骗子题材的小品，连年春晚，连载不衰，还不断揽取头奖。我们在不断被忽悠中想：究竟是谁在忽悠谁呢？好好想想吧。我们时常回首往日的幼稚可笑，但正是这些幼稚铺垫了未来成熟的路……

思绪又回到本文开头的那两条标语上。第一条：“世界上许多最美丽的花，往往开放在无人知晓的地方。”说“无人知晓”，也不尽然。

蜜蜂知道！

所以后来《读者》杂志的刊徽或者LOGO是一只蜜蜂。那蜜蜂暗喻编辑、作者和将二者联系在一起的热心读者。杂志的编辑流程其实就是采花酿蜜的过程。

蝴蝶也知道！

第二条：“一叶一菩提，一花一天国”。是《读者欣赏》的旨圭。细心的读者在阅读这份杂志时，会发现，在每篇文章的结尾有一个小小的彩色方块，方块中有一个图案，那正是一只展翅的蝴蝶，设计人系在下老胡。

开始我们还提起过生命的话题。我曾经说过：“杂志是有生命的。”算起来现在的《读者》已到而立之年，所以她显得成熟。《读者欣赏》只在垂髫之年，幼稚是很自然的事，好在有这么多热心读者，好在我们根植在中华这片热土上，美好的未来是必然的。

建议您认真读读这本书，书籍是生命的礼赞，读书也是一份生命的祝愿。

一个人一生只能做一件事，我有幸选择了杂志编辑这个职业……

中卷：刊物的事

大众传播和办刊的艺术

办刊的误区

杂志十题

编辑的“七识”

大众传播和办刊的艺术

我们都是做杂志这一行的。有关杂志的产生、发展过程，它的特点及规律这些问题，署领导和专家已经系统地讲过。所以我今天绕开这些，谈一些技术性问题，题目叫“大众传播和办刊的艺术”。

主要谈两个问题：

（一）传播学

（二）杂志的要素和办刊的艺术

第一个问题：传播学

1-1什么是传播学？

传播学又叫传学，是研究人类信息如何产生通过什么方式传播给大众的学科，《中国大百科全书》的定义是："研究人类信息传播行为及其规律的学科"。

"传播"一词是英语Communication的汉译，原意是思想、观念、意见的相互交流。而英语词源出于拉丁语Communis，意为共同分享。也有人简称为"传"、"传通"。

我们知道，人类自形成以后，从直立人开始的一百万年，因生存的需要，必须组织起来，就要交流思想，交流信息。开头用手势表达，后来加上咿咿呀呀的叫声，又经过几十万年，发明了语言；人类有了语言，又经历了几万年，在六千年前发明了文字，人们把它刻在泥版、石版和骨头上。一千年前，中国用木版雕刻复制文字和图片。两千年前，埃及人用纸草制纸，中国的蔡伦于公元105年用树皮、麻头及敝布制成轻便的纸，成为理想的传播介质。公元1045年，宋代毕昇发明了胶泥活字板，成为世界上第一个实验用活字印刷的人。又过了五百年，到公元十五世纪中叶，德国人古腾堡把中国发明的造纸与油墨技术、西欧的榨酒机和中国、朝鲜的活字综合起来，用金属活字排印出了《圣经》，于1540年左右形成了今天仍然在使用的现代印刷技术。如果把从一百万年、几十万年、六千年到五百年到今天的这个过程，在钟表盘上表示，元古、上古、古代的人类已走过23点59分，近现代只不过一分钟之多。但这一分钟的进步，超过了已经过去的1439分钟的进步！在古代，刻制一块大型书碑需要几年时间；在13世纪以前的西欧，一部手抄的书，只有达官贵人才买得起，当时有人花了约等于今天3000美元的代价，才雇人抄写了一本薄薄的书，送给法国公主做生日礼物。所以说，在人类漫长的历史中，传播媒介的真正发展，只是新近的事。

到20世纪，这最后一分钟的最后几秒，人类发明了电话、无线电、电影、电视、电脑及这两年出现的信息高速公路全球联网，人类在传播方式上已经感觉不到时间和空间的障碍。人类的生活中心，由时间到空间，由空间到几乎失去时空，进步是何等惊人。

1-2传播学的形成过程及几种模式。

（1）古典的传播学概念。公元前300多年，希腊哲学家亚里士多德在《修辞学》一书中，总结了口语传播的5点要领。

A.说话的人；

B.所说的话；

C.听话的人；

D.场合；

E.效果。

指出了传方到受方的关系和怎样传播比较有效。

（2）现代的传播学。传播学的真正深入研究始于20世纪20年代。苏联的巴甫洛夫、奥地利的弗洛伊德、美国的李普曼及盖洛普都分别在条件反射、团体心理学说、舆论、民意测验等方面提出了重要的观点。但真正意义上的初期传播学研究却是从一些偶然行动开始。如美国拉兹斐尔德本想研究美国选民如何投票，发现了二级传播现象。耶鲁大学心理学家贺夫兰应美军之约，研究放给军人看的影片的效果，引发了许多传播学的理论产生。

那么，传播学的模式到底有哪些呢？下面略作介绍。

A.“魔弹说”。

这是流行于上世纪40年代的学说，它认为传媒如果掌握在手腕灵活的宣传家手中，就能像子弹打靶一样，击出去，将靶打倒，你无法抵挡。这种学说在第二次世界大战时被德国法西斯采用。戈培尔说过，“谎言重复十次，就会变成真理”。到80年代，这种理论就受到批判。专家研究后发现，大众并不是射击场中的靶子，宣传魔弹打到人的身上时，他们不会倒下，他们会把子弹拨开，抵抗它。一位英国哲学家嘲笑信奉魔弹说的美国宣传机器，说你们把大众看成天真少女。宣传犹如一位风度翩翩的男士向少女走去，少女会言不由衷地说“别让那家伙走近，别让他引诱我；要是他来，我一定抵挡不住！”正是刚才所说的那位研究美国人如何投总统的票的拉兹菲尔德教授经过25年研究后发现，因受传媒影响，为竞选活动改变投票决定的人只占投票人的5%。因而得出结论：传媒的社会效果并不是“魔力无穷”，也非“无法抵挡”，而是效果有限。这就基本上否定了“魔弹说”。

B. 有限效果说。

拉兹菲尔德和他的弟子们否定“魔弹说”的同时，提出了这种说法。大意是：“传播对人对社会都有一定影响，但一般而言，促成的作用大，作为主要效果的成分少，怎样才能加强它的社会效果呢？拉氏提出三个先决条件，一是观念独占，没有竞争；二是社会观念按部就班，渐变而非剧变；三是用面对面的接触来补救传媒的不足。

C. 使用与满足说。

探讨人们如何使用媒介并如何从媒介得到需求和满足的学说。

美国无线台的白天连续剧（又称肥皂剧）节目每天吸引了几千万妇女听众。于是一位名叫赫佐格的女士深入访问了100位听众，又简短访问了2500名其他听众，揭露了一个惊人的事实：大半数妇女收听的原因是因为可以让她们“同声一哭”成为宣泄感情、发泄苦闷的工具；第二大类的听众是为了做“白日梦”；第三类是借剧中的欢乐来“冲淡自己生活上的失败”；第四类，也是未曾料到的一种需求满足，是从剧中取得生活指导。于是他们得出结论：传媒效果中有一部分应由受众怎样使用媒介来决定。逃避现实是效果之一，解释现实是之二，消磨时间是之三，打发感情或增加知识是其四。

这种学说给人的启发是：传播媒介如果做得好，可以起到缓解社会的紧张和冲突，深入认识新的社会问题，提供社会服务，加速正确社会价值观，给社会团体以支持等五项有益的功能。

D.采用—传布说。

拉兹菲尔德和他的同事在研究农民如何发现和采用新事物时发现。要让农民使用新技术，利用媒介，需要经过五个阶段。

第一觉知（听到新观念，但不知具体）；

第二兴趣（想多知道一点，开始打听）；

第三分析（权衡一番，决定试与不试）；

第四尝试（小范围地试用）；

第五试用。

但深入研究，这个阶段论仍有不少矛盾和漏洞，比如五阶段的终点往往是放弃采用，或找别人帮助拿主意。于是罗哲士将其修正为四阶段论：

第一获知（接触消息，知道大概）；

第二劝说（形成一种态度）；

第三决定（与人讨论，决定用或不用）；

第四坚守（寻求更多的信息，加强或推翻他的原有决定）

这叫做S形道路说。

四阶段论又经过研究后发现，新事物的推动与基本决定，不是来自中央设计人，而是来自地方团体。于是将“四阶段论”修正为：

一、衡量需要（当地决策人讨论地方上的优先需要及人财物力）；

二、寻求信息；

三、加以考虑（讨论，专家意见，他人经验及小范围实验）；

四、试办推广。

这些研究的结果对传媒到底有什么用处呢？至少有两点重要结论：

一、传媒在一个人采用新事物的开始阶段有较大的影响力；

二、社会普遍采用新事物的过程，走的是S形道路。即开始十分缓慢，等到一半人采用后，进展加快；等到接近饱和，步子又开始放慢。

除了以上的四种学说以外，还有劝服说（研究传媒如何令人信服并付诸行动）、认知和谐说（凡人都有一种把自己与对方的感情盯住在双方对第三个人的共同好恶上）、信息模式说（信息的本质和传递方式）三种。上面介绍的七大模式，除“魔弹说”把受众看成是消极被动的外，其余六种都把受众看成是积极活泼的人，认为传播过程不是单向的，而是双向的。所以要由传方和受方共同配合来完成。我之所以不厌其烦地介绍这些研究成果，原因是目前国内对这些问题的研究尚停留在翻译和介绍阶段。

比如我对“使用满足说”就很感兴趣。《读者》杂志的读者有千万之众，这么大的读者群，为什么要选择这份杂志呢？听听读者的来信。

东南沿海有许多到内地去打工的人，其中有高层的白领，也有打工妹。他们的来信说，阅读《读者》的心情，犹如在经过一天紧张的工作，在复杂的社会环境和人事关系之外，突然找到一处幽静的公园绿地，独自一人，享受人间的真善美，得到精神上的休憩；中学生读者说可以增长知识帮助写作；小家庭的人说可以使他们得到爱的启示；刚刚走上工作岗位的人可以得到人生的指导等等，每一个读者总能从这份杂志中得到某种需求和满足。知道这些反馈过来的信息，我们编辑的任务就是考虑如何使他们得到更大的需求和满足。

科技期刊的主编如果认真读一读“采用—传布说”，就可能会注意介绍新技术的时机以及与当地团体紧密配合的原理等等。

1-3传播的符号与途径。

有一位语言学教授写过这样一个故事：

在美国西南部一个乡村小学里，有一个西班牙的小学生胡安，性情有点“自尊”（西班牙语），但英文中将这个单词译为“骄傲”，大家便说胡安有点“假骄傲”。有一天，胡安和另外一个西班牙来的同学白托吵架，在西班牙语里没有“让步”这个词，于是他们俩决定用拳头解决。英文女教师要胡安向白托“道歉”，胡安不知如何是好，因为西班牙文中没有“道歉”这个词，也没有道歉这种习惯。英文教师说，向他说“对不起”，胡安不肯。教师于是罚他站。胡安被罚了站，仍然不明白自己错在哪里。胡安回到家里，为了把事情弄个明白，找一本《英西字典》查，发现英语的“道歉”译成西班牙文是“辩护”的意思。仍搞不清楚，又找另一本《西英字典》查，发现“辩护”的意思是“为赞美别人而说的话”。这样一来，“道歉”这个词变成了“赞美别人”。胡安恨死了那位英文教师。

这个故事引出一些传播学的基本问题——信息及人类如何通过交换信息而相互沟通。

A. 什么叫信息?

信息（information）这一概念用语是近20年才广为使用的。关于信息的定义，不下30种。1948年，信息论的创始人香农在研究广义通信系统理论时，把信息定义为信源的不定度。1950年控制论的创始人维纳认为凡是用以消灭一种情况的不确定性的东西都叫信息。在《中国大百科全书》中的定义为：符号、信号或消息所包含的内容，用来消除对客观事物认识的不确定性。这些定义好像很难理解。原因是人们把消息与信息混为一谈了。一句话，一段文字和一幅图像称为一份消息，它们所包含的内容称为信息，消息是信息的载体。

举例：有人发现了一个鹦鹉螺的化石。这一消息被刊登在一份报纸上。引起了多方面的兴趣。地质学家可能想知道化石的年代，生物学家可能要知道这种螺属于哪一种物种；数学家可能要研究螺壳曲线用什么数学公式表达；画家可能会琢磨出美学方面的内涵等等。化石中包含了诸多的信息，不同的人想了解不同的信息，这一过程是每一个人按照自己的选择一步步消灭不确定性的过程。所以信息是符号、信号或消息所包含的内容，人们利用它来消除对客观事物认识的不确定性。

至今，学者对信息是精神还是物质或者第三种形态还没有一种肯定的认识。但有一点可以肯定：信息与能源、材料相并列，成为现代社会的三大支柱。现代人认为，信息是一种宝贵的资源，可以采集生成、压缩、更新和共享。

B. 信息传播——符号特征。

信息在传播过程中，必须有它的符号特征。前面讲的西班牙小男孩胡安的问题，出在双方使用的符号上。

那么符号究竟是什么呢？简单地说，符号是可以翻译成意义的传通因素。

代表观念的通用记号，如字母、符记；

表达思想的动作、行动或姿势；

招牌；

代表名称或概念的抽象图画、人物或标记；

用来表示事物存在的东西等等。

符号在一个社会中或一个小团体中，仰或两个人之间必须相互认可，不然就像胡安和英文教师那样相互误会。

欢迎秦大河南极科考归来，左起胡亚权、秦大河、王亦军、李民发，兰州，1987年

《一千零一日》出版首发仪式，左起苏锐君、魏宏泽、黎巴嫩驻华大使法里德·萨玛赫先生、胡亚权、大使夫人、汪晓军，北京，1993年

人类经过了口传社会和传媒社会两大阶段。在口传社会中，符号只是未形成文字的语言和体态语以及声音讯号、火光讯号等；在传媒社会，人们主要使用语言文字的符号来进行传通。

C. 传通过程。

传通有三种，个人传通、中介传播和大众传播。两个人坐下来相互交流思想，便是个人传通；某种上级的意念，通过下级的组织，一层层地传达下去，叫中介传播；直接面向大众的传播过程，叫做大众传播。如广播、电影、电视、报纸、期刊等等，本身是大众传媒介质，做的是大众传播的工作。

1-4大众传播。

自从古腾堡发明现代印刷技术以后，人类才进入了大众传媒时代。大众传播建立在传媒的多样化和技术进步之上。在这里，我们要对期刊书报出版的本质有一个明确的认识。

宏观上，从传播学看，出版只是诸多的大众传播手段之一，但也是最重要的手段之一。

从信息产业看，出版只是庞大的信息产业的一部分。

微观上，一份杂志、一份报纸，只能理解为一种媒介，大众传播的媒介。在现代社会，大众传播已成为主要手段。对大众传播的模式也有不同的认识和发展，主要有：

A. 线型方式。

有点像传达文件，一级一级下达。这种纵向的传播过程可能只有在军队中才有效。在社会上则不一定。如前面介绍的魔弹说，就是想用这种方式来传达政治家的思想。

B. 二级传播。

这种想法来自对1940年美国总统的竞选的研究。拉兹菲尔德研究总统候选人的广播演说的影响到底有多大。调查结果显示，受广播影响的人反而很小。而影响投票决定的，大多是个人的接触与面对面的说服。于是提出了“两级传播”的假设：“观念总是先从广播与报纸传到意见领袖，再由意见领袖传到人口中比较欠活动的部分。

C. 二级传播说被否定。

到60年代这种学说因肯尼迪总统遇刺事件而受到挑战。肯尼迪遇刺后，传播学者调查了大众获知这一消息的来源，惊奇地发现，约有一半美国人是从他人口中知道的。于是调查者得出结论：口传在最重要和最不重要的新闻传播上发生着重要作用。但大众获取信息，大部分仍然是来自大众传媒。对农村社会的研究结果也证明，一个农民要采取新事物，可能仍从大众传媒找信息。这就对意见领袖的作用提出怀疑。也认识到大众不是被动地接受信息，而是有选择地、主动地接受传媒的信息。

所以，在大众传播过程中，纵向的传播和横向的传播同时存在，成网络状。

小结：传播学的初步学习体会就谈这些，我们了解了传播学、大众传播、传媒信息、传通的规律、传播的社会功能等。使我们认识到：

杂志工作是大众传播的一部分；

杂志是大众传播媒介之一；

办杂志的人要了解有关传播的规律。

第二个问题：杂志的要素和办刊的艺术。

世界杂志的繁荣只不过三百多年的历史（从1665年法国巴黎《学者学报》算起），中国杂志有不到200年历史（从1815年《察世俗每月统记传》算起），而世界上报纸比杂志要早一百年左右（最早的印刷报纸是1516年在意大利出版的《威尼斯公报》。中国中文的报纸也以《察世纪每月统记传》算起，看来这本杂志不完全是一份纯杂志，可尊为报刊之祖。

报纸的英文名称有两个。一个是Gazetta，起源于那份最早的意大利报纸《威尼斯公报》，当时每份售价一枚硬币“格塞塔”（Gazetta），后来就沿用这个词。Newspapers，意思是新闻纸。杂志也有两个名字，一个是叫Journal，意为学报，学术期刊多用这个词，另一个叫Magazine意思是仓库，出现比较晚（18世纪）。有人解释是“知识库”，很贴切。我国在很长时期，统称“杂志”，反映出它“杂”

的特征。近十年来，官方选中了“期刊”这个词，突出是定期，而且连续出版的特点。在“杂志”与“期刊”是否同义语的问题上，还有争议。徐柏容先生认为“杂志”包括了定期和不定期两种连续出版物，而期刊只指定期连续出版物。

2-1期刊的主要特征。

以往有人提出的有：

1. 连续性；

2. 定期出版；

3. 有确定的宗旨；

4. 杂（众多作者，众多的内容）；

5. 外观形式是固定的（开本、篇幅、定价）。

可以看出，这五点和报纸特征是完全相同的。

也有人分析过书报刊三者的异同：

书——知识性非连续性无时效性。

报——新闻性连续性时效性短。

刊——知识性与新闻性兼顾连续性时效性长。

也就是说，期刊有介乎书与报之间的特点。但现代出书的快速化，报纸甚至电视广播的杂志化，再次使这几个特性模糊起来。对杂志本身特征的研究，可充分发挥杂志的特长。

我认为有几点应注意：

A. 知识性。

突出一个“新”字。杂志不是教科书，不是巨著，所刊用的知识性文章应以新为主。所谓新，包括新观念、新认识、新发现、新技术等，还包括旧题新发。现在有不少科普杂志将十几年前的东西重新拼凑发表，失去了杂志的新知含意。

B. 思辨性。

突出一个“深”字。杂志与报纸不同的一点，就是报纸强调“新闻性”，新闻是消息的累加，上午发生的事件，有可能下午就发生变化；于是消息不断地累加。而杂志并不急于刊登它，而是等事件的结果有眉目时，开始分析事件的来龙去脉。新闻谈局部，杂志讲全局。所以更注重思辨、分析、哲理和引申，给人以全面、深刻的印象。

C. 信息量。

突出一个“质”字。杂志的篇幅有限，大部分是每月一期，十来万字，而这么少的篇幅要传达近一个月的多方面的信息，就得精心选择和加工，剔除无用多余的消息，以最小的容量装载最大的信息。而要做到这一点，每一篇文章，每一则小文，都要仔细处理。杂志姓杂，内容力求丰富、多彩。

D. 创造性。

突出一个“特”字。杂志不同于图书的一点是，图书由作者著成，杂志由编辑编就。杂志所凝聚的编辑智力，要胜过图书。杂志编辑的主动性和控制力要远远大于图书编辑。所以说“办杂志是创造性劳动”一点也不为过。既然是创造的劳动，那么杂志本身就明显地带有编辑部的特色，特别是主编的特色。特色包含了杂志外观、内容、作者群及编辑部的特殊风格，甚至还有地域特色。

E. 精致性。

突出一个“美”字。杂志区别于报纸的一点，报纸只有一天时效，它以突出重大新闻的标题，用“炒”的方法造势等一系列新闻手法来吸引当天的读者。而杂志则不同，它要经过读者一个月的细心把玩。这么长的时间里你的杂志要经得起琢磨。所以必须精雕细刻，像工艺品一样对待它。我们的体会很深：杂志出版后，会收到不少读者来电话、来信，有些意见是你想不到的。某一期有踢足球的插图，读者打电话说，你踢的那只球是排球。这样的例子太多了。如果每页每个细微之处尽到心了，那算是好的编辑部。杂志的插图图片很重要，可超过书报的图片质量。彩页更是报纸（包括彩报）所无法比拟的。

F. 连续性。

突出一个“续”字。许多办刊者对杂志的连续性并不重视，办完一期算一期，不注意杂志的整体呼应。要在年前对来年杂志有一个整体部署。哪一期突出些什么？有什么重大节日纪念日，预计的重大事件等都要心中有数，还要注意季节，发行目的地的气候、人文特征等因素。要特别注意本期、上期、下期之间的呼应。努力使本期与上期有一种回味式的联系。

还有一点，宁可给读者一种吃不饱的适度饥渴感，不使读者饱一顿饥一顿，也是一种艺术。

上面说的知识要新、思辨要深、信息要高质、装帧要美、期期呼应5点，我认为是突出杂志的特点的重要问题。

2-2办刊要素。

一份杂志，它的出版条件，在1988年新闻出版署的《期刊管理暂行规定》中讲得十分清楚，有5条：宗旨、方针、主管、人力和物力。这5条是基本的也是必备的条件。

光有这5条是办不好杂志的，办刊者至少还要掌握以下几个要素。

A. 宗旨的一贯坚持。

办刊宗旨是申报办刊前就提出的，申报批准后就确定下来，等于对社会民众的宣言，一旦公布，就得自觉执行。许多杂志把它浓缩为一两句话。如《读者》的宗旨是博采中外、荟萃精华、启迪思想、开阔眼界这四句话十六个字。这里包含了它是综合类文摘杂志，一层意思；使读者了解外部世界，一层意思；使读者达到人生的启迪和升华，又一层意思。这里包含了本刊的性质，办给谁看，达到什么目的。

我们常常看到少数杂志的内容与宗旨不一致。如学术刊物大量刊用科普文章甚至通俗文章；还有个别杂志内容与刊名完全不是一回事，更糟的是出现过纯文学严肃杂志出卖刊号的情况。看到哪一类杂志势头好，就改换宗旨向那一方靠，原定的宗旨淡化了，或者没有了。这种“投入地爱一次，忘记了自己”的现象是很可怕的。宗旨应与自身的特色同在，一位歌星唱红了，别的歌星模仿他唱同一首歌，唱得再好，超不过他，观众仍把这位看成是歌星的模仿者。倒不如自己唱红自己的歌，才能在这个世界上找到一席之地。

B. 方针要适应时势。

我理解方针就是办刊的具体操作措施，如要依靠专家办刊，还是依靠读者办刊，是依靠上级的指令办刊；还是以编辑部为主办刊。走什么路线，大体都是方针问题。另一层意思是为谁服务。我们在两为方针的根本方针之下，还有自己的具体读者对象，这也是方针的重要内容。

随着社会的发展，有时是很飞速的发展，在办刊方针上也要做适度的微调。比如《读者》杂志在近年来，中学生读者的比例在增加，针对这种新情况，就要调整调整。我们的调整不是降格以求，而是适度增加他们爱看的内容。

C. 定位要准确。

关于“定位”，有不少同仁已经认可了“读者定位”这一观点。读者定位是办刊伊始就应摸清搞明的。如《青年文摘》的读者定位是具有初中以上文化程度的青年读者。《读者》的定位是具有高中以上文化程度的读者。杂志有理想读者群、基本读者群、核心读者群这三个层次，办刊要针对核心读者办，发行要对准基本读者。在理想读者群中还有潜在读者群，是刊物争取的对象。如《读者》与中学生。初中学生是我们未来的读者，要预先做好争取工作。

这里还有一个有趣的现象：杂志的读者定位是大体固定的，可是读者随年龄、职业、环境的改变而形成一种流动状态。中学毕业，不再看《小学生天地》；大学毕业，不再读《大学生》，而某个年龄段的读者大体是固定数量，抓住他们即是成功。我在十年前一篇文章中说过，老少皆宜的提法已经过时。以年龄分层、以专门化分类、以兴趣分类的报刊分工多样化是必然趋势。所以一味盲目追求更大的发行量，既不现实，也不可取。

除了读者定位以外，还有一个重要的定位，就是杂志本身的定位。在全国8000多种杂志中，我们的杂志处于什么位置？在同类杂志中处于什么位置？在当地杂志中又处于什么位置？犹如北京大学和兰州大学，北京101中和兰州一中。定位可以使自己清醒地认识到左右的竞争对手和学习赶超的目标。在市场经济下，在中国目前期刊界从无序到有序的过渡过程中，不可能是独此一家的天下。竞争应是相互提高的友好竞争，像高水平的体育比赛。

D. 队伍。

杂志社有5支队伍：编辑队伍、作者队伍、核心读者队伍、发行经营队伍和印制队伍。这5支队伍都是看得见的，实际存在的。最首要的是编辑队伍。关于队伍建设，各村都有各村的高招，不敢谈。但建议有条件的建立5支队伍的数据库。比如我们有读者档案，还有交换杂志的数据库。这是期刊社的一笔巨大资源和财富。

E. 质量至上。

杂志是公开的商品，要面对市场，要赢得竞争，唯一的路是以质量取胜。没有过硬的精品，通过刺激和不正当竞争得到的印数最后仍是保不住的。

F. 做好读者工作。

在西方，读者调查及市场调查是杂志社的重要工作。其实读者工作有一个捷径，就是阅看读者来信。我们每天可收到上百封读者来信。写给编辑部的批评意见和老读者的意见，必看，必回信。这样日积月累，必有成效。收集读者意见，征文、调查表也是好方法，但不能太多。与调查机构合作也是可行的方式。另外，活动必须围绕杂志去做。

G. 不忘根本。

杂志社的根本就是杂志本身。要把主要精力集中在此。有一种说法，以杂志为招牌，多种经营，以经营收入养刊。我不敢苟同。杂志下来了，经营上去了，恐不是长期效益。我们看到一份很好的杂志，一旦掉下来，就很难再恢复元气。有的杂志十年前发到近200万，今天下到10万，要恢复到昔日的辉煌恐怕是很难了。

H. 有好的主编。

还是那句话，“杂志是主编的影子”。有什么样的主编，就有什么样的编辑部，就有什么样的杂志。我们看到一些杂志，编辑心不在杂志上，大家都在搞第二职业，杂志成了副业，是令人担忧的。

2-3编刊的艺术。

上面是些老生常谈，故很简略，这里谈一下微观的问题，即办刊的过程中容易被人忽视的问题。

A. 引导和迎合。

我们常说，要引导读者，不能迎合读者，很对。但具体操作起来，是很难很难的。

你要办好杂志，必须熟悉读者的胃口（阅读兴趣的集中点，阅读的范围和渴求点）。在适应读者口味过程中，不知不觉就是在迎合或者讨好读者。但你要迎合哪些读者？全都迎合，不可能；谁提要求迎合谁，也不恰当。这就有一个质的判断和掌握。要迎合的读者应是本刊的基本读者，应是阅读品味高的读者，应是大多数读者。对那些低级趣味、猎奇，甚至诲淫诲盗的需求，超越社会基本准则的要求，是绝不能迎合的。在这种情况下，要旗帜鲜明。看看地摊就知道，那里有好书，也有坏书，如果仔细去查实，凡坏书大都出自书商之手，而书商中相当大的比例是半文盲或根本不读书的人。但他们来自民间，熟悉民间的这种需求，这些可概括为迷信、算命、风水、奇闻怪事、凶杀犯罪、恨人坏、恨人穷、发财梦等等。这种低级与民族的劣根性一时还难以排除。但有良心的编辑是不能那样做的。

说到引导，要有自身的高水准（政策、专业、眼光、品德等），如果编辑与读者的水准差不多，就不配当编辑，主编的水平和一位很一般的初学写作者差不多，则不配当主编，所谓厚积而薄发。你要讲课，倒出一杯水，就得有十桶水。

所以引导是水平的引导，是充满社会责任心的引导，是充满善意的引导，是充满忧患意识的引导。

B. 主体文章。

一期杂志，有几篇令人激赏的文章，就算成功。有时看到篇篇都不错，大家一般高，读后无令人回味处。那就办成大平原了，要设法找出几座高山峻岭，加上低谷曲流，则是好风景。

主体文章有了，辅助文章要陪衬得法，犹如绿叶扶红花。在主体文章确定后，让小文章用各种手段去突出大文章。时而补其不足，时而特意反证，时而顾左右而言他。但意境的线是连起来的。有时一段语、一幅配图都仔细选择，不肯浪费一寸空间。

C. 编排的技巧——节奏感。

编排非常有讲究，如指挥一个乐队演奏交响乐曲。序曲、间奏、主旋律、高潮、尾声。在一期中都要安排好。如卷首语——简洁而引人；开篇——最吸引人并使他欲罢不能的文章；然后是诗歌——小的休息；又一篇严肃的文章——重头戏开始；小块文字——轻松的休息。这样反复一两次，幽默——幕间休息；转入知识性——换一种口味；哲理短文——掩卷深思。这是《读者》每期的节奏感安排。这种安排要求读者阅读中有一种很轻松的愉悦心态。我们还研究过性急的读者先看哪一页，老读者如何阅读，中学生读者如何阅读，一本杂志几天读完。设法在编排上与他们的阅读节奏合拍。

D.设计的技巧——拓展和美化。

现代的期刊愈来愈重视形式了，从封面到内文，从开本到装订，无不进行认真推敲，以达到出奇制胜、招徕读者的目的。杂志的设计有它自身的规律和优势，可以说，是书报刊三类中最精美的一类。设计以开本、封面、正文版式三个为要。

关于开本，目前以小16开为主流。有少数杂志，如《女友》采用大16开的“国际开本”，据说是国际主流，原因是纸张采用了大规格的。以我之知，国际上杂志的开本也是不统一的。如美国《读者文摘》一直用小32开，美国《时代周刊》是大16开，《生活》的开本近年缩小为一种近乎正方形的16开本，德国《FOTO》近两年来变了三次开本。所以开本要根据我国的国情决定。我保守地认为，小16开在本世纪仍会是我国的主流开本。对《读者》，只能固定在这一开本上，老读者要收藏合订本，突然的改变恐怕连书架陈列都有困难，大部分家庭的书架是依小16开为极限设计的。而且开本不会对购买力造成刺激。看看《半月谈》《故事会》《家庭》这些杂志就知道了。但我认为开本丰富多彩是大好事。

关于封面。封面是至关重要的，它是读者的第一印象。有时一幅很棒的图片就可引起购买。这些年，多次有人对美人照进行指责。我觉得爱美是人的天性，这一点无可厚非，只是要注意提高品味、增加内涵、传达更多的意境就可以。国外杂志中，对封面的选择极为重视，最有名的有美国《时代》周刊，以世界美国的风云人物做封面，成为一种荣誉。如邓小平上过《时代》封面。《时代》在90年代初期破例用一台电脑上了封面，引起全世界关注，他们成功地利用这种封面效应说明电脑对人类的重要性。德国《明星》周刊的封面，则是由摄影师和美术师精心合成。这里给我们一种启发：封面是否可以成为传达主题内容的一种有力的工具？封面要成为杂志特色的集中体现。《读者》的封面经历了十多年的历程，固定到现在的格式。也是想在众多杂志中很容易被辨识。我们对封面的大体要求是20米远可以发现《读者》新一期上市。封面美术作品则是，内容上的出人意料——你想象不到下期是什么。图片的耐人寻味——可以多次欣赏。以及它的美感——唯美主义。每期从几十幅图片中才能选出一幅。从去年起，为了解决著作权问题，我们在图片公司购买彩色图片。

关于正文版式。在这方面，中国的研究不大够。这里念一下原东德的设计家卡伯尔所写的《书籍装帧101条》中的一些论述。“第一条：书籍装帧有三重任务：必须恰当而有效地表现图书内容和作者意图；必须适合读者口味；必须形成一本出色的书。精美的装帧本身不是追求的目标。”这里讲了三条原则：一是服从内容；二是合乎国情；三是充分发挥美术设计人员的创造性。前两点要主编去控制，后一点要靠主编去启发调动。但三者统一是很难的。

关于插图，容易犯的毛病是成为看图识字；另一种是文不对图，甚至图文互斥。《读者》的插图大多数用配图的方法。在配图中，美编先读原文，找出兴奋点（令人激动的地方），以此做启发去寻找插图。我们很注意拓展，即联想功能。好的配图给人以联想，反过来加强对正文的理解。

版式中的栏目，目前有单栏、双栏和三栏。大16开甚至用四栏、五栏。栏目多少的依据是人的阅读习惯。据研究，横排书每行字数以12～22字（5号字）为最佳。过长，人要转头；过短，分散阅读精力。16开本的三栏每行14字（新5号字），阅读最为轻松。每行14字构成三栏格式；方便了设计中标题和图片的处置。

关于字体、字号。要认识到印刷字体的感情色彩。如宋体的庄重，适合严肃的文字；楷体的秀丽，适合轻松的文字；仿宋体的飘逸，适合诗词文字；黑体的强调，适合标题文字等等。《读者》仅用这四种字体，拒绝用其他字体，主要为保持传统的书卷气。我认为，其他字体，大多都为广告宣传品的设计而产生，不太适合本刊的风格。

关于行距，以对开条（半个字）为最佳。过细过宽都会影响阅读的心情。

还有，尽量不“下转XX页”，使阅读中断，造成不适之感。还有，双单码一起设计，以求两面的视觉平衡。还有，读者摊开一页后，目光总是先做Z字形扫描，然后开始阅读，所以，最重要的小语丝不妨放在右下角。

总之，设计是一项综合系统的工程，不是那么简单地交给美编就了事。我们的主编要懂一点设计，并善于传达自己的意图。文字编辑起码要认得字体、字号，不是凭感觉，而是以理论向美编提出具体的要求。

E. 宣传。

杂志的宣传主要为发行宣传，每年七月，杂志社都要决定第二年的决策、定价、发行目标、宣传方式等，然后通知邮局确认。给邮局的是来年变更通知，以便编入各省市邮局的征订发行目录中去。各省的市邮局还有一种简明目录，可以做广告。我们每年花在这上面的广告费不少，逐年递增，但这种投入是值得的。有时还要自印一种征订宣传品。

杂志的另一种宣传是自我形象宣传。除报纸的新闻宣传外，可以经常性地不定期地围绕杂志自身搞一些活动。

F. 作者工作。

对杂志而言，作者是真正的上帝。没有稿源，办不成出版。由于《读者》是二手文献杂志，在这方面缺乏经验。但我们长期的出版经验告诉我们，大家有许多好的经验可以交流推广。

如建设基本作者队伍。每个编辑手头都有自己的基本作者。

如召开笔会，联络感情。建成杂志社的作者队伍。

如从自投稿中发现作者；从公开发行的报刊中寻找有用的作者。

如从一些网络中寻找作者。现有新华通讯社一个通讯作品网，可以调用文章，还有一些卖稿的民间中介机构也有类似功能。

这一方面，社会进步会带来以下问题，作者垄断（如中青社之于周洪）。自由撰稿人增多、中介人中介机构出现等现象，无不反映了文化产品的市场化。我们要研究这些动向，并力求走在前面。

G. 读者工作。

“读者是朋友”是本刊的认识，所以在读者服务上下了很大工夫，作为战略性建设去操作。

小结：第二个问题是交流一下具体办刊应注意的问题，主要讲技术性问题和具体的操作。

英国出版家斯坦利·安文引用英国政治家莫利的一句话：“伟大的出版家就是一位文化部长，这个地位是没有政治家资质的人所无法企及的。”强调了出版者在社会政治中的重要责任。安文还有一句名言：“如果赚钱是你的第一目标，你就别干出版这一行。出版业所付的报酬远非金钱可比。如果你确实掌握了技术，而又具备必需的资质，那出版业能使你过上普通人的生活。不过，你的日常工作是永无止境的……”资产阶级出版家的认识尚且如此，我们应比他们做得更好。这就是永远把社会效益放在首位的另一种理解吧。

上次我参加第一期主编培训班，《青年文摘》主编陈安钰同志讲了一课，引用了美国《独立周刊》1904年10月1日社论一段话，引来作为本文的结尾：

杂志有生以来便代表一种智慧的活动。杂志的作用，是从旧材料中编织新的故事，配合时代的潮流改写历史及传记，伸张已经被人遗忘的真理，使健康的知识更能适合人的口味，化玄奥的科学为应用的知识，向世界投以搜寻的光亮，发起新的运动并导引旧的运动，高擎警钟，使酣睡中的人们自梦中惊醒，扭转那些向后张望的头颅，使它目向前方……

一九九六年七月（北京黄村）

（在新闻出版总署、中国出版协会开办的全国期刊社长主编培训班的讲稿）

办刊的误区

（《中国出版》1994年第11期）

当前，办刊存在着种种误区。

误区一：不知就里，一拥而上。

看到别人办得热闹，也不去问为什么，先跟着大潮走，创办与别家相似甚至雷同的刊物。你办妇女杂志，我也办一份，因为中国有一半人是妇女，必然有市场。殊不知创办一份刊物应当找出别人没有想到的空白地带，或找到薄弱的连接点，才会成功。这叫做独辟蹊径，或曰独树一帜。如果不是这样，那就有问题，人家已经办了多少年，知名度已经很高了。对这类新杂志，读者也可能好奇地买一本看看，看完以后如果想："这不是和XX杂志差不多吗？"以后就不一定要买这一份杂志了。

误区二：抹掉原籍，改个名字。

过去的地方性杂志，针对本地区。《辽宁青年》就是主要面对辽宁，《XX妇女》主要面对XX省。可是后来，人们发现广东《黄金时代》办得很火，去研究原因，可能是刊名没有地方色彩，于是在80年代兴起一场更名风。全国青年杂志除极少数几家没有改名外，大多数改为无地方特色的名称。在读者一时摸不着头脑的情况下，改名的刊物发行量有上升之势，但很快就下来了。原因是大家明白了，你不过改了个名字而已，你仍是一份地方刊物。而没有改名的《辽宁青年》又被自动地突出了，而且赢得了更多的读者。特色是杂志的生命的一部分，特色包含了地域色彩，丢了这些，大家都一样，还会有多少读者会注意你。犹如街上流行红裙子，一两个人穿，很突出，大家都穿，谁稀罕。你该穿什么呢？

误区三：宗旨漂移，忘记自己是谁。

办刊宗旨是一份杂志的宣言或曰安民告示，具有一种无形的约束力，办刊者必须遵守。可惜的是，有一部分杂志的生存过程中，为了“适应”形势，不断地改变宗旨，有个别的变得面目全非了。如一份纯文艺刊物突然交给了书商去办，进了地摊，宗旨中的严肃和高档次不见了，换来的是什么呢？一份权威的专业性刊物，渗进了非专业水准的文章，换来的又是什么呢？宗旨的变化会使读者无所适从，杂志本身推动的是信誉，真是得不偿失。

误区四：抢别家的读者，丢了自己的读者

每一份杂志都有特定的读者群，在读者群中又有一个基本读者群。如一份数学方面的专业性杂志的特定读者群就是从事数学研究的专家和从事这方面工作的专业人员。如果又给初级水平的数学爱好者办，又给中小学生办，那会怎么样？专家不再看了，中小学生又看不懂。基本读者丢了，新读者也不会争取到，真叫做鸡飞蛋打。所以说，每一份杂志要服务好自己的读者群。读者群因杂志的不同而不同，不同杂志的读者群有大有小，不能刻意相求。受到基本读者欢迎的杂志就是服务对象明确的杂志，就是成功的杂志。

误区五：发行量第一，质量第二。

办刊者不得不关注本刊的发行量，这是无可非议的。但如果把目光盯到发行量上，把精力集中在发行量上，会有什么样的做法呢？杂志社必然要有大的发行力量和机构，必然想许多办法去扩大发行量，必然用一些非常的方法去刺激发行量，包括经济手段。这样做的结果会如何呢？几年后才明白：办刊人的专长是办杂志，发行要靠发行业的人去干。办刊者首要的目标是提高质量。质量和发行量是因果关系，没有质量，就没有发行量(如果有，也会丢失)。所以，办刊者要全力以赴办好这一份杂志，抓好编辑工作，发动全杂志社人员为提高质量献计献策。所谓一分耕耘，一分收获，耕耘的应是杂志本身，发

读者出版集团成立，《读者》杂志社新老编辑在宁卧庄合影，2006年1月

前排左起孙玉明、李一郎、刘英坤、胡亚权、陈绍泉、郑元绪、陈泽奎、高海军、张正敏，后排左起高茂林、袁勤怀、富康年、王铁军、李剑冰、高剑峰、张涛、宁恢、张笑阳、侯润章、邱仿、潘萍、王祎

《今日中国》杂志刊登了《读者》专访，2000年

行量作为收获的一部分只能是耕耘的检验和报偿。

误区六：舍本求末，喧宾夺主。

杂志一旦上马，就必须一期一期办下去。可是，盲目上马的杂志往往因发行量的原因造成经费上的麻烦。开办费告罄，到哪里筹集经费，于是想到了活动。在中国，活动意味着赚一些钱，所以活动很多。活动并没有什么不好，它可以提高杂志的知名度，让读者了解。活动本身也是一种宣传。但杂志的活动必须围绕杂志本身进行。如阅读奖活动，就是一项很好的活动，它既可以促进读者的参与意识，又可以进行自身宣传。搞社会活动，只是办刊的一小部分，绝不是办刊的主业。主业是办刊，刊物是支撑点，放弃主业，去搞副业，就是舍本求末。活动上去了，刊物下来了。算算账，哪个合算？

误区七：读者是上帝，编辑是仆人。

如今，杂志界也流行“读者是上帝”这句话。这句话是从商界开始流行的。在商界，这句话是正确的。因为对上帝是要敬畏的，上帝的意志是要服从的，企业厂家对顾客理应如此。杂志是文化商品，如果读者要求刊登什么，你就刊登什么，行吗？不行。因为社会主义的杂志要引导读者，而不能迎合读者。引导应是向上的、积极的、高品位的；迎合带来的后果是低级的、消极的、庸俗的。

与其说“读者是上帝”，不如说“读者是朋友”。朋友之间，才可以诚相待，互为良师益友。像朋友一般对待你的读者吧。大家平等了，才会相互尊重，把事业搞得红火。

误区八：爱听赞扬的，不理批评的。

杂志是要见读者的，丑媳妇总要见公婆，总要见邻居。于是杂志出版上市后，必然引起读者的注目，引来各种议论。投其所好者扬，不合胃口者贬。同一盘菜，每位顾客的看法不同，是由于口味不同所致。除非做得很糟的菜，遭骂的多；但做得最好的菜，也会有人骂。读者的信来了，对于表扬的意见，编辑们总是乐在心头。对于批评的意见，编辑们往往要抵触，要辩解。可是，办刊者往往忽略了一个重要的事实，即写信给杂志社的人，都是最关心杂志的基本读者。如果对他们不善加对待，只听好的，不听坏的，那些最可爱的读者，就会渐渐离你远去。各刊社的编辑们无妨把表扬信压下来，首先细细读那些批评的信，最好回个信给读者，诚恳地谈谈自己的观点。餐饮业有句话叫“有钱难买回头客”，请办刊者好好品味一下这句话吧。

误区九：邯郸学步，追炒热点。

在中国，热点无处不在，杂志也一样。你登“黄昏恋”，我也去采访，不问青红皂白，标上“独家专访”。殊不知人家早已登过了。热点是被炒红了的，但热点又是飘忽不定的。热点是发高烧，高烧过了仍要冷下来。于是那些热闹了一阵的东西，逐渐被人们所淡忘。历史只沉淀最重的“金子”。邯郸学步的故事结局是邯郸人爬着回了家，因为他已经忘记了自己原来是怎么走路的了。正常的杂志必有自己所擅长的优势，所擅长的范围和内涵，必有自己的特色。百货店的商品那么多，滞销的往往是盲目投产、毫无特色的过剩产品。

误区十：谁都能当主编。

听说有些杂志的主编从来没有干过编辑工作，也不是搞出版这一行的。办杂志好像只是几位编辑的事，主编高踞于"王座"，发号施令即可。更有甚者，把杂志承包到编辑或发行人员手里，听之任之，只要能赚钱就行。主编是什么？主编不是一种级别，不是一种待遇，不是一种荣衔。主编是杂志的总管，他要组织各部门实施杂志的宗旨；他要制订杂志发展的蓝图；他要组织具体的战役，更要策划长远的战略；他要熟悉出版编辑工作，他要有鉴赏力，知道什么稿件最好，什么稿件不能用；他要知道纸张价格、发行折扣、怎样惨淡经营；他要知道出版法规和基本国策；他要有一种对作者队伍的影响力；他要培养和遴选优秀的编辑人员上岗；他要参加社会活动；他要熟知读者的各个方面……这样的主编好像是比较称职的。可惜，现实往往不尽如人意。

以上十个误区，并不能完全把话说得清，讲得透。但我想，如果办刊者能够坚持办刊宗旨，了解杂志是一份不同于报纸和书籍的连续性出版物，多用自己的脑子思考，努力把自己所在的刊物的质量搞上去，早一点脱离某些误区，一份有特色的杂志就会展现在中国报刊市场上。

杂志十题

（《甘肃出版》1989年第4期）

自人类文化史产生以来，信息传通由口传过渡到传媒，经历了几十万年时间。符号传媒的文字产生后，由巴比伦的泥版到中国的甲骨文；从印度石经到埃及的草纸书卷，从汉代的简牍到唐代的经卷，从宋代的活字印刷到近代的图书，又经历了几千年的演变。报纸则在两千年前开始出现。古罗马凯撒大帝的《每日记闻》被认为是最早的报纸，它被刻画在涂抹着石膏的木板上。1300年前的唐朝时代，中国官方发行了《邸报》，400年前，威尼斯出现了商业性报纸，直到300年前，才产生了类似今天的报纸。如1633年英国伦敦发行了《情报者》。1785年创办的《伦敦时报》至今仍在出版。

杂志的出现要晚于书籍和报纸。1731年，伦敦出版了《绅士杂志》。可是早期的杂志与报纸在内容和形式上几无区别。后来，报纸逐渐趋于新闻性，杂志则专刊小说、游记和娱乐性文章。在形式上，报纸版面扩大，杂志版面缩小，并加上封面。此后，读者才正式将报纸与杂志分开。法国是杂志的发祥地，英文“杂志”（MAGAZINE）一词，源于法文MAGASIN，意思是“仓库”。

中文最早的一本现代杂志，应推伦敦布道会传教士马礼逊于1815年在马六甲创办的月刊《察世俗每月统纪传》（英文名CHINESE MONTHLY MAGAZINE）。“统纪传”就是“杂志”，而中文的“杂志”一词是从日文引进的。所以这份刊物用今天的话翻译就是《中文月刊》或《中文每月杂志》。中文第一个用“杂志”冠名的出版物是1862年（清同治元年）在上海出版的《中外杂志》，它的原名是SHANGHAI MISCELLANY。这两份刊物的主编都是英国人。而中国人创办的杂志直到上世纪末才出现。如梁启超主笔的《时务报》。近代中国杂志以宣传民主思想为先导，著名的有《新青年》等，为五四以来的民主主义革命开辟了先河，从此，中国杂志形成一种宣传革命、关心政治的传统，到抗日战争时期发展到一个新阶段，著名的有《生活周刊》等，对团结中华民族、抗日救国起到了重要作用。

杂志的真正繁荣是新中国建立以后。解放初期到20世纪60年代，各类的综合性、专业性杂志不断问世，呈现百花齐放局面。虽然

“文革”十年杂志与文化禁锢一起倒退，但到20世纪80年代，随着党的十一届三中全会后改革开放的新形势的到来，又一次出现空前的繁荣。据最新统计，截止1989年5月，已有全国统一刊号的杂志6200余家，可谓洋洋大观。

面对如此浩繁的杂志世界，杂志社各展其能，各施其策，展开了激烈竞争，于是出现了许多有待研究的问题和现象。本文只就一些常见的杂志理论提出十个问题，以求同仁们教正。

一、杂志的生命。

上面约略谈及，杂志是历史的产物。在人类文化史有杂志出现以后，恐怕所有的杂志主编都愿自己的杂志长命百岁。然而，事实又如何呢？且不说抗战时期的杂志是随抗战而兴，又随抗战胜利而完成它的历史使命。新中国成立后，同样有不少杂志创刊又停刊。如《红旗》杂志一直是中共中央的机关刊物，长期以来，这份杂志以党的理论权威见称。可是到1988年7月宣告停刊。另一份以《求是》为刊名的新杂志代之而起。

从文艺类杂志来考察，大家都记得上海出版的《收获》。这份杂志，是新中国文学第二次繁荣的产物。我们知道，六十年代初期许多大型的长篇小说都是首先在这份杂志上面世的。《收获》在二十多年内，保持了强大的影响力和声誉。但到了八十年代，它的发行量和影响力开始下降，出现了困难。而新兴的纪实性、通俗性的文学刊物异军突起，不断占领分割着杂志市场。

在世界上，除极少数杂志保持了长寿纪录外，绝大多数杂志都有一定的寿数，并非杂志主编们所企求的万寿无疆。因为杂志是一种社会文化现象，它随着社会文化形态的演变而演变。新的文化产生、发育、兴盛、消亡，更新的文化形态又会取而代之，不以人们的意志为转移。

二、杂志的实质。

杂志因时势造就、应运而生是常识，优存劣汰的法则也是常识，但杂志要顽强地生存下去，确是主编们为之奋斗的目标。因此有不少人觉得，杂志能否取得发展，完全是主编的事，其实，问题并不那么简单。杂志的成败不能完全取决于主编，这要从杂志本身的性质去分析说明。

我们知道。书报，杂志，广播，电视，大到教育，都可以包含到“传播媒介”这个概念中去。传媒是介于传方（传播者）和受方（被传播者）之间的一种“知识载体”。传播的过程叫做“传通”。人类作为世界的主人，是因为我们能用语言作为传通工具，达到传播的四个目的：报导、教导、劝导、娱人。简单地说，就是：

自传方而言，自受方来说。

报道消息，听取消息。

传递知识，获得知识。

取悦娱人，享受娱乐。

建议说服，做出决定。

请注意受方的反应不是被迫的，即信息在受方那里能否达到目的，完全是受方的事，完全在传方的控制能力之外。或者说，杂志主编接受传方的指示，想通过杂志传到受方（读者）那里，但读者要不要接受，完全不能由传方和传媒（杂志）决定。因此得出结论，杂志的实质是一种传方与受方之间的传媒，杂志的命运主要由受方决定，而不是由主编决定的。

三、读者与杂志的认同。

报导与教导不同于劝导的地方，是前两者侧重于学习，受方有所得，后者则在依从，受方有所放弃。但无论报导、教导还是劝导，杂志要把信息传递到受方（读者）那里，都要经过读者的四个关口：

1. 取得注意。

2. 取得信息。

3. 进行分析。

4. 存放备用。

简单地说，杂志出版后，首先会引起读者注意，使他认为可以从中获取需要的信息，然后（最好照主编预想的）去理解它，最终决定购买这份杂志。这个过程称之为传通。如上所述，传通不是单向的，而是双向的，传通过程的完成必须经过“认同”。

在参加传通时，人们都带着各自不同的经验，用它来解释收到的信息，并做出反应。认同度越大，说明杂志与读者的沟通愈成功，反之，则不成功。所以，杂志的编者要尽可能最大幅地取得读者的认同。

四、读者的预期选择率。

认同是一种现象，但杂志要能够被读者购买，还要研究读者选择杂志由什么规律来指导。许多杂志编辑人员报怨杂志发行量上不去，说邮局、书店不卖力，甚至迁怒于读者，说他们“层次低”。是不是这样呢？不是。

二十多年前，有学者提出一个选择定律。其公式为：

预期选择率＝可能得到的报酬÷需要付出的努力

我们把这个公式套用到杂志的发行上，可表示为：

预期选择率＝读者需要的程度÷读者付出的代价

“需要程度”只是在认同区内看。读者需要这份杂志吗？他要从中获取哪些信息？是急需，还是一般化的需求？等等。

“付出的代价”，则指个人开支中能否拿出这笔钱来？认为价格

在甘肃少年儿童出版社期间，胡亚权主持了《故事作文》月刊改刊，创办了《妈妈画刊》，1986年

陪同张仃先生（左一）赴河西走廊写生，1997年

是否合理？能否就近、方便地购买？等等。

所以，杂志本身的两种价值（需求价值和商品价格），是两个互为制约而又相互关联的指标。杂志社一方面应尽量满足读者需要，扩大需求价值，另一方面，应全力降低成本，最低限度地保持商品价格，才可以提高杂志的预期选择率，即发行量。

五、杂志无须追求最大发行量。

从杂志编辑部来看，杂志发行量当然是愈大愈好。因为在编辑成本外，投入基本的排制版成本后，达到零盈利点以上，一般地说杂志就可以赚钱。

但事情并非如此简单，如果在核算后，由于价格所限以及非营利等要求，不可能达到零盈利点，长期处于亏本状态，情形就完全不是那么一回事了。例如有一份地方性画报，靠省上财政补贴支持，每一本零售价1元，而实际成本价加上出版理管费及发行费率，按1元零售价就要每册亏损5角。多印2万册，就要亏损1万元，印多何益？这份刊物的印数，可以在上级财政补贴的幅度内，达到主管部门的初步发行要求，又不至于使亏损超出补贴之外即可。

那么经费自理的杂志又如何呢？试举美国著名的《生活》（《LEFE》）为例说明。《生活》画报自1936年创刊，到1954年销量已逾550万，在全球广有影响。到1972年，但却突然宣布停刊。请注意，当时《生活》的发行量是700万份。《生活》发行量如此之大，竟然会停刊，据说主要是财政亏损所致，在我们看来是不可思议的。原来，美国的报刊出版费用的七成是由广告收入支付的。大型报刊的传统发行方针是尽量增加销量，以取得影响，吸引广告；进而又不断提高广告的收费率，把成本转嫁到广告客户身上。这样，逐步造成报刊对广告客户的依赖；可是随着电视等新型新闻媒介的普及，广告客户发现报刊广告并不是可资利用的唯一手段。如果报刊无限度地提高广告收费率，那么广告客户宁可转向电视广告。这种因素遏制了报刊的广告收费率，使原先的“无限”变为“有限”，也即使广告客户对报刊的出版投入变为有限的数额。在这种情况下，如果一味扩大销量，成本会大幅度上升，自然会造成巨大的亏损。这便是《生活》停刊的经济原因。

从我国情况看，广告费率在报刊中尚不构成举足轻重的影响，但仔细研究可以发现，这种广告收费率规律正在悄悄起作用。有些报刊将广告收费作为“创收”的重要手段，以为是行情看涨，但这种行情是受各种广告手段制约的，“独此一家，别无分店”的情形不会有了，报刊社的广告收费率不会无限度地上升。主编们应预测这些动向，不可将广告费保险地打入成本，用作提高发行量的资本。

但对大量的普通杂志来说，目前广告费尚不足造成重大影响，主编们面对的主要是纸价、印刷工本的上涨这个难题。目前，纸价上涨在成本核算中成为不可捉摸的因素，有一份发行量超过150万的杂志的某几期核算竟然亏损，就是因纸价造成的。在纸价上涨的幅度远远看不到尽头的今天，光靠提高定价不是出路，因为读者的经济承受力是决定性的因素，所以，明智的报刊不能无限地扩大发行量，可惜，这一点并没有为所有主编接受。

六、老少咸宜的说法已不成立。

围绕发行，还有一种传统的说法："本杂志适合各界人士阅读，老少咸宜。"许多主编也在暗暗追求这种目标。这就引出一个读者面的问题。"杂志办给谁看？读者面多大？"主编们能否回答呢？当然。但进一步问，"你的读者面的年龄段如何？是哪几种主要职业？文化修养如何？是男人为主，还是女人为主？……诸如此类的问题，你能明确无误地回答吗？未必。

这里主要涉及一个读者群界定的大问题。上面谈了《生活》画报的停刊，除了经济因素以外，还有一个重要原因是读者面的变化。长期以来，《生活》以综合性的社会画刊见称于世。他们自我标榜，说这份画刊是适合广大社会的。本世纪初，在报刊不多的情况下，这是适宜的，因为人们总想花很少一点钱来了解国家大事，综合性杂志成为一种最经济的选择。但随着民众生活水平、教育水准的提高、余暇时间的渐增，读者的个人兴趣、嗜好等发生了分化，产生了读者的分层现象。老、中、青、少的眼光开始转向各自的目标，形成年龄分层；伴随而来的文化分层和伦理分层也自然形成。所谓“老少咸宜”已不适应这种变化。综合性的杂志面临一种新的考验。于是，有眼光的出版商开始创办适合某一阶层的杂志。开始一般是针对年龄分层现象的。我国在八十年代初期就出现了这种变化。如老年杂志、青年杂志、少年杂志和各低幼杂志不断出现，呈现了明显的年龄分层现象，且取得了较大的成效。

主编们开始对自己杂志的特定读者层面进行调查研究。明智的主编开始把办刊宗旨转向“这”层读者，用各种办法吸引他们的注意。甘肃《读者文摘》以中青年为基本读者层，并把文化水准定在高中以上水平，吸引以大学生和中青年知识分子为代表的基本读者，并以他们为核心影响本层的广大读者，取得了明显的成功。

进一步说，有人还研究了特定读者层中潜在读者的问题。了解特定读者层的现象后，人们自然想要知道这个层到底有多大，这便是潜在读者。如果把杂志的订购者称之为显性读者的话，那么，可能订购然而并未订购的读者就是隐性读者了。我们把后者理解为潜在读者。比方说，中国有半数妇女，五亿多妇女便是妇女杂志的潜在读者。但潜在读者与显性读者的比率往往是很大的。

更深一步研究潜在读者，可以发现，其中有一大部分是永远呈现隐性。仍用妇女的例子，妇女杂志读者绝对不会发行到文盲妇女那里，大部分也发行不到占妇女人口大多数的农村妇女那里，也不大会发行到老龄妇女和小学女生那里。排除这些永久隐性的潜在读者，所余的才可以称之为真正意义上的潜在读者，可称之为潜在读者群。

针对真正的潜在读者群，应细致、深入地了解他们，作为杂志的发行目标，甘肃《读者文摘》在创刊不久，提出一个口号："让《读者文摘》走入每一个家庭。"这个口一号实际是一个向潜在读者群扩大发行目标的行动。这份杂志在调查中发现，他们的长期固定订户比例为85%左右，在长期订户中，90%以上是个人订户。他们又分析了订阅者的文化、年龄指标，发现以中等文化程度的中青年为主。于是作出一种设想，目前城市家庭中，几乎每一家都有符合这种条件的一个人，于是才提出这个口号，就是一个例证。

七、杂志的专业化、地方化倾向。

上面提到，杂志的读者日趋分层，还有一种现象是专业化、地方化倾向出现。

专业化、地方化实质是一种特殊化现象。这是现代社会的必然产物。在现代社会中，技术分工愈来愈细，人们所从事的职业也愈来愈专。在这种高度集约然而又高度分工的社会里，每个人都变得富有个性了。他们除了阅读专业杂志外，还要阅读兴趣杂志。如某甲和某乙都是工人，但某甲是电工，某乙是电脑操作员，他们可能都阅读《无线电》，但这份杂志中大量是普及性的文章，某甲、某乙只能选读自己感兴趣的一两篇文章，其余可略而不看。某甲更想订一份《电工技术》，某乙则认为订《电脑程序》更合算。也许某甲还订了《足球报》，不言而喻，他是足球迷；某乙可能正在打听有无《垂钓》这份杂志，因为他最近开始对钓鱼有了兴趣。这个例子说明，专业和兴趣分化必然引起的杂志分化。

以儿童刊物为例，创刊几十年的上海《儿童时代》一直以稳健见称，拥有广泛的读者群，但近年来发行量已降到新创刊不久的《作文报》之下。所以，近几年来不少少儿杂志已向专业化过渡。甘肃有一份少儿文艺刊物《小白杨》，曾经具有相当影响，但发行量到1985年底下降到2万多份；从1985年起，刊物改名为《故事作文月刊》，改变了办刊宗旨，到1988年，发行量上升并稳定到了15万份。

这里顺便提一下，1987年全国刮起一阵青年刊物改名风。除《辽宁青年》等少数几家外，大多数省级青年刊物都纷纷去掉省名，改成一种模糊的具有青年色彩的名称。这种趋同共性和淡化地方色彩的现象，一时收到刺激发行量的效果，但随后不久，暂时上升的发行量很快又回落到原处，这一现象很值得反思。在八十年代初期，有一股科普刊物风，吹遍了全国。当时，甘肃创办了一份《飞碟探索》。到了80年代后期，一般性的科普刊物的平均订数，都降到四、五万份，而这本专门化的《飞碟探索》的发行量却仍然维持在20万份以上。这个例子也值得思考。

这些实例表明，杂志专业化、地方化的倾向是十分明显的，我们应很好研究它的规律，适应这种现象。

八、杂志社应稳定可靠。

成功的杂志有什么特点？这一问题尚无明确的答案。毋庸讳言，不同的道德价值观有不同的看法。现在有一种时髦的说法：能赚钱就是成功的。是这么回事吗？不是。我们认为，一份好的杂志，应合乎国家、政体、民族、文化和道德准则，应拥有可靠固定的读者群，应有明确的宗旨，并赢得读者的好评和信赖。要达到这些标准，需要有稳定的财政支持和可靠的编辑部。

国外有人研究了该国最受欢迎的十家报纸以后，认为这些报社都有如下特色：

财政稳定；

确保报格；

注意公共热点；

编辑出色；

培养影响核心读者群。

这5点言中要害，值得杂志借鉴。请注意，这5点都是针对报社本身而讲的，使我们想起一句著名的话："杂志是主编的影子。"这是一位美国总统对一位著名主编的褒语。有什么样的主编，就有什么样的编辑部，就有什么样的杂志。我在《读者文摘》工作期间，很喜欢在读完某杂志后猜想那是一个什么样的编辑部，甚至分析主编和编辑们的年龄、文化修养和爱好兴趣等。久而久之，养成一种习惯，读完杂志后先设想一下编辑部是些什么人，为什么要编某篇文章等等。这种做法，建议杂志编辑们不妨一试，并作为基本功来训练。它起码可以使相近的杂志相互了解，达到互相学习、扬长避短的功效，进而由盲目转为必然，坚信并确立自己的风格。

需要特别指出，杂志的主编人选是关键。主编是杂志的灵魂、核心和导演。他一方面要组织编辑人员良好地完成和实践办刊宗旨，另一方面还要培养优秀的编辑和培养一层读者。所以主编是任重而道远的。优秀的主编应从编辑人员中选拔。

九、杂志进取的步骤。

杂志编辑在发稿之后，常会说："又完成了一期。"好像一场战斗的结束，然后又去准备下一期稿件。殊不知，杂志的发稿并不是任务的完成，其后的事还很多。

国外有一种传通RACE四步骤，很值得深思。RACE是英语RESERCH（研究）、ACTION（行动）、COMMUNICATION（传通、传播）、

EVALUATION（检讨、反馈）的首字母缩写。即传通过程要经过研究、实施、传播、反馈四个步骤。

对杂志而言："研究"，就是研究办刊宗旨和读者群的需求动态，确定本期组稿计划。"实施"，就是把组来的稿件有效地、艺术地加以编排，付诸出版。"传播"，就是快速高效地发行到读者手中。"反馈"，就是通过各种渠道，收集读者反应，以改进下期甚至下一阶段的工作。这四步骤是不断循环的，但又不会重复，是一个螺旋式上升的自我完善过程。杂志社应建立相应的制度，使这些步骤长期化。

可惜的是，许多杂志编辑不了解这些步骤。他们闭门办刊，盲目发稿，对读者的反应毫无兴趣，长此以往，会使读者与杂志解约，将杂志与读者（传媒与受方）之间的双向箭头变为单向的，并可能逐渐把箭头割断，最终自己扼杀了自己。

十、注意长期效应。

最近几年，一些文艺杂志出现了很大的经济困难。原因是多方面的：财政补贴实质性下降、成本上涨、俗文艺冲击等等。文学艺术界惊呼：文学出版的危机到来了，特别是各省的文联机关刊物，每况愈下，几近不能维持。主编们一方面表示纯文学的声誉不能丢，一方面却眼巴巴看着俗文学在盈利。于是近年来出现了纯文学刊物发俗文学增刊的事。主编们自我解嘲说："这是逼良为娼！"且不说文学为什么一定要分为“纯”和“俗”，也不说纯即是良，俗即为娼。这是文学理论范畴的事，暂且不谈。但是，单就这种做法本身来看，我们以为不值得提倡。

上文已说过，每种杂志都担负着自身特定的使命，有固定的读者层。地方性文学刊物的宗旨是明确的，读者层也是明确的。主要是发表地方作者的作品，扶持和培养当地作者，为当地的文学爱好者服务。这是一种发展地方文学的战略性服务，我们可称之为长期效应，这是一种建设性的投资。但是，被迫为了克服经济上的困难而出增刊，表面上看有局部的盈利，取得了短期效应。可是略加分析，就会知道这是极不合算的。首先，上级主管部门不赞成或者提心吊胆。其次，增刊的读者层不是杂志的基本读者层。基本读者层会因增刊内容转向而失去对杂志的信任，转而投向别的同类杂志。而增刊的暂时读者层也不会长期注意你的杂志，因为他们仍然知道正刊不是他之所需。其后果是，杂志失去了自己的原有阵地，也没有占领新的阵地，是得不偿失的事。当然，要彻底解决文艺杂志的问题，需要国家的大政策、大气候才行，那是另外的、而且也是很复杂的问题，不在本文探讨的范围之内。

前几年，杂志界出现阅读奖热、评奖热、抽奖热、办函授热等等，也是一种短期效应。这些活动，办得适时、适量，对杂志有某种好处，但如果把它看做是办刊的主要法宝，到头来，必然会使编辑的精力分散，兴趣旁顾，那便是本末倒置了。所以，主编们应把长期效益放在首位，不可过多地追求短期效应。这是任何杂志都应认真考虑和引以为戒的。

使乔布斯成功的12条原则：

1. 漂亮的设计
2. 用户体验
3. 不进行小组讨论
4. 完美主义
5. 前瞻性
6. 最小化
7. 招聘最优秀的人才
8. 完善细节
9. 保持较小的规模
10. 拒绝糟糕的工作
11. 良好的品位
12. 从系统角度考虑问题

编辑的“七识”

（《出版广场》1995年第1期）

去年12月中旬，上北京领奖。见到出版署的王英同志。她说：“老胡，怎么头发都白了？”我说：“已到知天命之年。这次是搭末班车，我已感到其他获奖者比我年轻。私底下下又想，有多少比我年龄大，本领、贡献大得多的同行却无机会拿这块奖牌，真有点不公啊。我怀疑自己是否真正合格。

反复自省之间，想到的自然是我们所从事的这项职业。以我20多年编辑工作的体会，编辑首先应是发现者。书稿如矿山，最早发现金矿的人必须是识得金子的人。有不少编辑分辨不出书稿的高下，算不得发现者。进一步究之，能发现金矿的人，有偶然和必然之别。排除偶然，留下必然，则必然者应对矿山有广博的了解和深入的研究，是之谓矿物学家，而矿物学家必然是专家。

这就引出第一个命题：编辑应是对书有深刻研究的人，是书的专家和发现者。

既然是专家，就要具备专家的素质。愚以为知识面应分三个层次，即常识、知识和学识。所谓常识，应在家庭教育、初等教育期间掌握。所谓知识，应指中等教育的全部和高等教育的一部分。比如，掌握一两门语言，母语的读写能力，数理化知识，对所从事职业的初步认识，等等。所谓学识，是指高等教育的大部，对从事专业的深入理解和具备专门的技能。常识、知识和学识是层层递增的，一级高于一级，可简称为初、中、高三层。大多数人可能只达到前两级，少数人可达到三级。当然，随着社会进步，现在认为是知识的可能成为常识，现在认为是学识的可能降为知识。达到三级水平的人数也将增加。

编辑人员，理论上应达到三级。即：有丰富而正确的常识，扎实而准确的知识，精深而独到的学识。但事实上，相当一部分编辑并未达到这三级水准，停滞在常识不确、知识含糊、学识浅薄的三识残缺状态上。从图书的出版差错中，可以明显地看到这一缺陷。比如把纽约当成美国首都（常识错误），把新西兰与纽西兰当成不同的两个国家（知识错误）；把古代的“编审”（实为户口审查）当成今天的一种编辑职称了（学识错误）。所以做一名编辑易，做一名合格的编

拜会冰心先生，1986年

甘肃少儿出版社出版了《鞠萍讲安徒生童话故事》，译者叶君健先生（左二）、作者鞠萍（左三）来兰州出席首发式，责任编辑魏宏泽（左一）、总编辑胡亚权（右一）赴机场欢迎，1990年

辑难。

光有这三识是不够的，它仅仅是基础。这就引出第二个命题：编辑应是驾驭图书出版的人，是发明家。优秀的编辑还应具备博识、才识和卓识。

所谓博识，不言自明，编辑应是博学多识之士，古代称之为通才。“博”的最低要求，也应是“万金油”，浏览过大量的图书资料，虽不全懂，但却很广，一遇到问题，立刻知道到何处去查找答案。我见过不少编辑，遇到资料难题，常以“没学过”搪塞。学文的不懂自然科学，学理工的不懂社会科学，对编辑这门职业，是不能容忍的。你必须扩充知识面，向博的方向努力。有一句话叫做“处处留心皆学问”。如果每天都坚持读一点杂书和报刊，相信总会派得上用场。我们在编辑工作中绝大多数的知识都是运用中学所学，如果说“没学过”则无理由；如果说“忘了”，则情有可原，但你总得拣起来，复习一下吧。

所谓“才识”应指工作才干，也就是方法论方面的学问。才干多靠培养，受过高等教育的人都有这种体会：大学教师的授课方法与中学教师的填鸭式完全不同。一个聪明的大学生，除学好专业外，更要学到解决问题的本领。我以为人的才干，一半是天资，另一半来自后天的勤奋。同一道难关，几个人分头去攻，可能会有完全不同的途径，效果也大不相同，反映出人与人相比之下才干上的极大差异。才干又与人的特长有关。有的编辑踏实认真，擅长于文字加工，是一种技术型的编辑，另一类编辑可能粗枝大叶，但他有驾驭选题的能力，善于组稿，是组稿型的编辑。类型不同，特长不同，才干也不同，领导者要特别注意发现之，培养之，遴选之，委任之。

所谓“卓识”，意义重大。我以为人主要分为创造型的人才和执行型的人才两大类。执行型的人才是实践者，具有蚂蚁的品格，各领分工，忠于职守，决不擅越雷池半步。大量的人属于此类。创造型的人才是发现者，具有鹰隼的品格，他们卓尔不群，特立独行，高瞻远瞩，意志坚韧，极具卓识。这类型人往往只注重大目标，常常有点桀骜不驯。创造型的编辑高屋建瓴地审视图书市场，以独到的眼光作出明智的预测，甚至能创造市场，引导风尚。此类人才难得，但各地都有，问题是领导者如何使用。放开双翅，任其高翔，发挥卓识，是一种方法；边疑边用，缚起手脚跳舞，或做他用，又是一种方法。我们习惯于“领导永远高水平，领导永远正确”的陈旧观念和模式，使不少卓识型的编辑囿于樊篱之中，是很可惜的，也是不明智的。

以上说到“六识”。还有一识极为重要，就是“德识”。这就引出第三个命题：优秀的编辑必须有良好的道德修养。

德也有识，也许是我的生造，但意思是说，道德本身也是一种学识。人的道德有民族性、地域性、文化性的差别，可是人类本身总有许多共通的道德准则，比方说真善美。

在出版这一行，提倡所谓职业道德，我想了很久，才发现其实就是做人的道德或曰德识。编辑的职业道德与人类的共同道德没有什么两样。本人曾在另一篇文章中发了一通怪论，声称具有十种表象的人不适合当编辑。比如：看着公家的自来水龙头流淌浪费而不去关掉的人，即其一。理由是此公一定是一位不关心公众利益的人；而不关心他人的人又如何去关心作者的利益与读者的利益？又如：给零岁的子女买钢琴的人。理由是在子女的志趣爱好远没有被发现之前，就强行让他当音乐家，是否太贸然？是否毫无计划性？是否主观意志太浓了一点。在不知读者的兴趣走向的情况下，闭门造车搞选题的编辑，和给零岁子女买钢琴的有什么不同？

从正面讲，诸如爱物爱人、尊老爱幼、谦虚谨慎、重义轻利、一诺千金、乐于助人……都可以叫做职业道德，又都是人类的优秀品德。

德识不完全是先天的，要通过学习，不断升华、完善。做编辑更要注重这一点，因为做编辑的过程也是做人的过程。有人指出“德、识、才、学，是学者的四大要素。拥有这些，才有完美的人格，而人格的力量是巨大的。人格之“格”除品格因素外，当然也包括“识”格，这就是我理解的：要做一位优秀的编辑，先要做一个优秀的人。而一个优秀的人应当逐步从常识、知识、学识到博识、才识、卓识过渡，锤炼出力求完美的德识。只有这样的编辑，才可拥有厚重的人格力量。

宋苏东坡有诗云：“人生到处如何似，应似飞鸿踏雪泥。雪上偶然留爪印，鸿飞那复计东西。”鸿飞是一境界，雪泥又是一境界。观吾此生，既无倚马可待之才，又鲜舞文弄墨之兴。所写文字，皆与从事职业有关。

下卷：飞鸿雪泥

《影响世界美术史的100幅名画》序

公元1503年，罗马教皇尤利乌斯二世登基。他作出一个重大决定：将始建于公元4世纪的旧圣彼得大教堂改建成一座新圣彼得大教堂。圣彼得何许人也？他是耶稣12门徒之老大，传说他殉教后被葬在罗马城，公元326—333年君士坦丁大帝在传说的圣彼得墓地上修建了一座教堂，人们称旧圣彼得大教堂。1506年新圣彼得大教堂奠基，人类历史上最大的天主教教堂开始兴建。尤利乌斯二世将改建设计任务交给建筑师布拉曼特。他的设计是正十字形。在教皇聘请的工匠中，有一位正是米开朗基罗（1475—1564）。这位三十出头的年轻人两年前在佛罗伦萨完成了《大卫像》，刚刚又与达·芬奇一起参加了佛罗伦萨一铺壁画竞标大赛。米开朗基罗最喜欢的是雕塑，他认为形象已经藏在大理石中，他的任务只是将形象从中剥离出来，大卫像就是证明。可是心存妒忌的布拉曼特却让他到西斯廷小礼拜堂完成天顶画。从1508年到1512年，米开朗基罗用整整4年零5个月时间独自一人完成了天顶画。在40米长14米宽面积近600平方米的天顶上描绘了创世纪中几百个圣经人物，共同组成一首以颂扬人类创造性智慧，赞美人性与人的肉体的美的宏伟的色彩交响曲。其中每一个主题，每一个画面以及每一个壮美的裸体形象都蕴含着对人生欢乐与创造力量的肯定。1514年布拉曼特去世，总设计师由拉斐尔继任。他将设计改为纵长十字形。与米开朗基罗的艺术博大、雄伟、富有激情、充满力量相比，拉斐尔（1483—1520）的艺术则以优雅、秀逸、和谐、高度的完美为标志，他的圣母肖像至今无人能够超越。可惜他37岁英年早逝。接替他的是小桑伽罗。他又将设计改回正十字形。1536年，米开朗基罗回到罗马西斯廷教堂，用了近六年的时间创作了伟大的教堂壁画《最后的审判》。1546年小桑伽罗死后，71岁的米开朗基罗继任总设计师。米氏设计了大穹顶。之后他一直生活在罗马，从事雕刻、建筑和少量的绘画工作，直到以89岁高龄逝世于自己的工作室中。此后的总设计师是德拉·波尔塔、卡洛·马泰尔。后者将教堂向东延伸，完成的教堂主体长187米，成为世界上最大的基督教堂。1626年11月18日正式宣告落成，一脸肃穆的教皇乌尔班八世主持落成典礼。在长

春　木板油画　203×314cm　1477—1478年　桑德罗·波提切利

达120年的建造时间里，整整经历了20位教皇！

事情并未结束。1667年，圣彼得大教堂正前方宏伟的圣彼得广场建成。由一位来自那不勒斯的天才建筑师贝尔尼尼于1651年设计，用时11年完工。圣彼得大教堂位于著名的城中之国梵蒂冈。如果你到意大利游览，必到罗马；到罗马必到梵蒂冈；到梵蒂冈必到圣彼得大教堂；到圣彼得大教堂，必经过圣彼得广场。排成环形4排284根托斯卡拉式柱子像天神张开无比巨大的双臂在欢迎你。进入大教堂，你会看到米开朗琪罗24岁时的雕塑作品《圣母子》、贝尔尼尼雕制的青铜华盖和圣彼得宝座三件艺术之宝。站在米开朗琪罗设计的穹隆顶下抬头上望，你会感到大堂内的一切显得那么渺小；如果从穹顶鸟瞰大厅，芸芸众生则形同蝼蚁。

圣彼得大教堂只是意大利文艺复兴的一个缩影，它生动地实践了发源于佛罗伦萨的文艺复兴精神。

上世纪末，我到过意大利佛罗伦萨，在如潮的慌里慌张的旅游人群中时不时可以遇到推着婴儿车的年轻父母。他们大多是欧洲或意大利当地人，因为他们神态优哉游哉，眼神透出消闲淡定，与我们这些第一次造访者的如饥似渴横冲直闯形成对比。再看童车里的儿童，口噙奶嘴，两只小手在空中乱划拉，左顾右盼的目光比我们还要好奇。佛罗伦萨是意大利文艺复兴运动的发祥地，那里诞生了但丁。达·芬奇、拉斐尔、米开朗基罗、伽利略、马基雅维利都在那里生活

西斯廷圣母玛利亚像　布面油画　265×196cm　1513—1514年　拉斐尔

工作过。这些巨人得益于统治佛罗伦萨300多年的热爱艺术的美第奇家族的庇护，所以有了圣母百花大教堂、西尼奥列广场这样的伟大建筑和《大卫像》《神曲》《君主论》这样的不朽的人类文化艺术杰作。在街头书摊购得一本介绍佛罗伦萨的画册，书名《翡冷翠》，翻开一看才知，翡冷翠就是佛罗伦萨，诗人徐志摩的翻译。佛罗伦萨意大利语里是花城之意，该城的市花是紫百合，你得佩服徐志摩译名既高雅又妥帖。

达·芬奇、拉斐尔和米开朗基罗被称为文艺复兴三杰。拉斐尔和米开朗基罗上面已经说过一些了。作为三杰之首的莱奥纳多·达·芬奇（1452—1519）生于佛罗伦萨，20岁入画家行业公会。他是人类历史上少有的天才，他集画家、建筑师、哲学家、诗人、作曲家、雕塑家、物理学家、数学家、解剖学家、运动员、军事工程师、水利工程师于一身，而且样样称职，行行精通。这也是为什么人们把他尊称为大师的原因。如果从20岁算起，达·芬奇在67年的人生岁月里，也就有不到50年的工作时间。这期间他还要来回奔波于米兰、佛罗伦萨、威尼斯、那不勒斯四个意大利城邦国和法国之间，一会儿画壁画，一会儿作雕塑，一会儿设计守城大炮，一会儿解决滑坡问题。多才多艺和忙碌的人生，使他传世的画作并不多。最为著名的有1494—1498年为米兰圣玛利亚修道院创作的壁画《最后的晚餐》，在当时就被誉为世界第七奇迹。此时凡·艾克兄弟发明的油画技法引入意大利已七十年

倒牛奶的妇女　布面油画　45.5×41cm　1658年　约翰内斯·弗梅尔

了，但生性喜欢探索的达·芬奇却选用蛋清颜料，这一失误致使这幅名作在50年后就出现色彩褪色发霉等问题，此后几百年的不断修复也未能恢复原貌。他在威尼斯市政大厅也有一幅更失败的实验性壁画，最后当局另请别人以其他壁画覆盖才算了事。在佛罗伦萨，人们曾指给他看一块巨大的上等大理石料，并告诉他可以任意处理，看看能雕一个什么？他太忙了，顾不上。3年后这块石料被米开朗基罗雕刻成了《大卫像》。达·芬奇的另一幅人类近现代历史上知名度最高的名作就是油画《蒙娜丽莎》。这幅画创作于1503年，1506年才得以完成，最后以4000罗弗林金币的价格卖给法国国王弗兰西斯一世，从此落户卢浮宫。此画完成后不久，达·芬奇赶到罗马想在圣彼得大教堂工程中接一个订单，教皇尤利乌斯二世没给他这个机会。从壁画的角度猜想，是幸抑或灾？也许历史的决定最正确。1517年达·芬奇离开意大利去法国，1519年在巴黎去世。

人们将1300—1600年定义为文艺复兴运动的发生期。从文艺复兴三杰身上体现的是人文精神的复活、古希腊古罗马艺术的升华和充满激情的创造精神，也就是文艺复兴的伟大意义。

那是一个英雄的时代。从诗人彼特拉克宣扬人文主义算起，在意大利，贝里尼的《园中等死》、波提切利的《维纳斯的诞生》、多纳泰罗的青铜《大卫》、被米开朗基罗誉为配得上做天堂之门的吉贝尔泰的佛罗伦萨洗礼堂青铜门饰、乔尔乔内的《暴风雨》、马萨

秋千　布面油画　81×64cm　1767年　让·奥诺雷·弗拉戈纳尔

乔的《三位一体》、提香的《古罗马酒神节》、科勒乔的《圣母升天图》……他们的姓名和杰作有如群星在夜空璀璨。

此间除意大利画派外，还有一个尼德兰画派在北方悄然兴起。尼德兰在荷兰语里是低地的意思，指莱茵河、马斯河、斯海尔德河下游及北海沿岸一带，相当于今天的荷兰、比利时、卢森堡和法国东北部的一部分。中世纪是西班牙属地。尼德兰濒临北海，地势低平，海上交通十分便利。十六世纪前半期，尼德兰已经有三百多个城市。安特卫普、阿姆斯特丹是贸易的中心。每日往来的外商有五、六千人，港口同时可以停泊大小船只两千多艘。美洲的金银、东方的香料、西北欧的纺织品在这里交易。控制着英国、波罗的海诸国和俄罗斯的贸易往来。尼德兰画派在这里的国际大都会应运而生。15世纪尼德兰绘画的重要成就在祭坛画和独幅木板画上。在宗教画中，对描写人的生活和环境的兴趣浓厚增长，对传统的宗教主题给予人文主义的表现，是尼德兰绘画的主导趋势。在尼德兰绘画新风格的建立中，杨·凡·爱克起的作用最为突出。欣赏杨·凡·爱克创作于1434年的《乔凡尼·阿尔诺菲尼和他的新娘》，人们在画幅只有84×57厘米的木板油画上可以读取出如此丰富的信息时，不禁为之惊叹！他是从温情脉脉的人文主义角度来描绘这个世界的。杨·凡·爱克的另一个贡献在于和他的兄弟一起发明了油画方法，是人类绘画材料上伟大的革命。它使我们在今天，抑或在卢浮宫画廊，还是在雨天的威尼斯街

日出·印象　布面油彩　48×63cm　1873年　克洛德·莫奈

道看到400年前创作的油画，那丰富、厚重、明亮、透明的色彩，就像是昨天才刚刚完成似的。

17世纪是西方艺术史的巨人时期。起源于佛罗伦萨的文艺复兴风格逐步在罗马被一种叫巴洛克风格所取代。巴洛克画家的典型代表是比利时的鲁本斯、荷兰的伦勃朗、西班牙的委拉斯盖兹、英国的凡·戴克等。他们中，除委拉斯盖兹外，鲁本斯、伦勃朗、凡·戴克都与尼德兰有关。鲁本斯、凡·戴克祖籍安特卫普，被称作弗兰德斯画派。伦勃朗一辈子生活在阿姆斯特丹，被称作荷兰画派。其实他们都是尼德兰地区人。把豪华、激情、浪漫、想象力、运动与变化、空间感、立体感、享乐主义、宗教和远离时代这些特征综合在一起，可能会概括巴洛克。巴洛克原指不规则的怪异的珍珠，在当时具有贬义。当时人们认为它的华丽、炫耀的风格是对文艺复兴风格的贬低，但恰恰是这种风格取代了文艺复兴的古典风格，成为下世纪的主流。贝尔尼尼在圣彼得大教堂所作的正是这个承上启下的大工程，因此他被认为是巴洛克之父。

将巴洛克艺术发扬光大的人，无疑是法王路易十四。他是法国波旁王朝最著名的国王，1643—1715年在位，长达72年，是世界上在位时间最长的君主之一。路易十四自称太阳王，他缔造了法国封建史上最鼎盛的时期，同时也因为他在宫廷里掀起了一股“金光四射”的奢华之风，并把这股风气吹遍了整个欧洲。路易十四身高仅有1.54

莎乐美　印度墨汁和水彩　28×15cm　1893年　奥博利·比亚兹莱

米，于是他发明了高跟鞋；他还喜欢戴蓬松的假发，原因据说是当时卫生太差，头上生虱子，只能剃成光头，再戴上假发掩饰。他建造恢宏奢华而举世闻名的凡尔赛宫，宫廷开支相当于法国全年税收的一半。在法国，路易十四因为他使法国强大而受到尊敬，但他不断的战争使国家濒临破产，使他不得不不断加强对农民的税收要求。他的重税、他对贵族的削权以及没有政治权力的市民阶层对政策的不满是导致1789年法国大革命爆发的政治、社会和经济原因。路易十五即位后，奢靡之风愈演愈烈。在路易十五时代大名鼎鼎的蓬巴杜侯爵夫人的倡导下，罗可可艺术如日中天。罗可可艺术轻盈优美，“仅仅旨在愉悦一个悠闲的、实际上是懒散的社会，在这个社会中唯一的罪过就是无聊。”华托、布歇、弗拉戈纳尔是其代表，想想弗拉戈纳尔的《秋千》吧，那就是罗可可。

1789年爆发的法国革命导致了君主制的崩溃。艺术第一次从宫廷逃跑出来，变成了民众的宣传工具，自然而然我们想起了大卫。雅克·路易·大卫，1748年生于法国，1774年获罗马奖金后在罗马工作过7年，深受新古典主义影响。1782年成为美术学院院士后，又去罗马，创作了著名的《贺拉斯兄弟之誓》。法国革命爆发后，大卫作为议员，投票赞成处死路易十六。《马拉之死》就是一幅宣传画。后来拿破仑上台，大卫为其歌功颂德，画了《拿破仑过阿尔卑斯山》。滑铁卢战役波拿巴倒台后，大卫逃亡瑞士，1825年在布鲁塞尔逝世。

拴着皮带的狗　布面油画　90×109.8cm　1912年　贾科莫·巴拉

大卫崇尚的新古典主义、浪漫主义一直延续到19世纪初，如籍里科的《梅杜莎之筏》（1819年）、德拉克洛瓦《萨达那帕勒斯之死》（1827年）、安格尔的《奥松威伯爵夫人》（1845年），都是这个时期的代表作。安格尔还是学院派的标志性人物。另一个特立独行的浪漫派西班牙画家戈雅，用入木三分的肖像画、历史画真实地记录那个时代。顺便说说，西班牙是一个艺术氛围极佳的国度，当代最有名的画家毕加索、达利、米罗都出生在这个国家。

到了19世纪中叶，新古典主义和浪漫主义的复古理念与遁世幻想在一群法国青年艺术家中引起了反感。首先造反的是库尔贝。古斯塔夫·库尔贝（1819—1877）生于法国奥南，崇拜委拉斯开兹的色彩、伦勃朗的光影、大卫的构图。他认为艺术家只能画他所能感受到的东西，即周围真实存在的人、物、地。他说他从未画过一个天使，因为它从未见过一个天使。1849他的《奥南午后》获奖并被国家收购。但1855年的国际美展上，评审团却拒绝了他自以为最重要的《奥南葬礼》和《画室》。气愤至极的库尔贝自造“现实主义画厅”，并展出了四十多幅作品。《画室》是库尔贝的宣言，表达了现实主义与新古典主义分道扬镳的决心。法国现实主义最忠实的拥趸者要数米勒，他一辈子只画农民，还记得《拾穗者》吗？杜米埃则对城市市民感兴趣，他的《三等车厢》画尽人间凄凉。同样，爱德华·马奈（1832—1833）的惊世之作《草地上的午餐》在1863年也遭到拒展。最后拿破

构图2号　布面油画　97.5×131.4cm　1910年　瓦西里·康定斯基

仑三世皇帝出面干预，作品才被容许陈列在一个“被拒画展”的地方展出，但它引起的轰动不亚于正式的画展。1874年4月，一群巴黎年轻画家决定脱离巴黎美展，另起锅灶，办了一个以“画家、雕塑家、雕刻家的无名协会”为名的无名画展。在展出的一百六十多幅作品中，有一幅莫奈创作的题为《日出·印象》的画作引来了评论家的攻击。评论家路易·勒鲁瓦认为这次以《日出·印象》为代表的画展是一次敌视并藐视官方美展艺术的反学院派会展。遂产生“印象派”一词，并从此声名大振，莫奈自然而然也成了印象派的鼻祖。莫奈是马奈的崇拜者，他晚年的《睡莲》组画出神入化，深刻影响了后世。其实，印象派只是一些主张现实主义的青年画家的集合体。莫奈之外还有他的好友德加、米勒、雷诺阿、西斯莱、修拉等，还有后来的高更、梵·高、塞尚、卢梭、劳德雷克等人。

20世纪是离我们最近的世纪。在短短百年里发生了两次世界大战，地域疆土宗教民族政治制度科技自然文化艺术都发生了天翻地覆的变化。艺术也进入一个全新的历史阶段——现代艺术。现代艺术几乎是不可定义的，因为它以一种从未出现过的形式在面向着大众。视觉艺术家们不再局限于对具象的完美表现，而是进入无限广阔的想象空间，表达形式更加丰富多样。但无论如何，我们只要把握个性的自由表达这一现代艺术的精髓，就有了一把打开现代艺术之门的钥匙。什么立体主义里毕加索的《阿维尼翁少女》、野兽派的《带

河　布面油画　60×73cm　1910年　莫里斯·德·弗拉芒克

绿色条纹的马蒂斯夫人像》、表现主义蒙克的《呐喊》、维也纳分离派克里姆特的《吻》、未来派杜桑《下楼的裸女》、风格派蒙特里安的《红蓝黄构图》啦，什么达达派超现实主义达利的《记忆的永恒》、巴黎画派夏加尔的《窗外巴黎》啦，给人的感觉是目不暇接，还是莫名其妙？您得自己理解。特别是上世纪30年代起，现代艺术中心似乎在向纽约转移。罗斯科的抽象表现主义作品《亮红加黑》、赖利的光效应艺术作品《流动》、沃霍尔的波普艺术作品《玛丽莲·梦露》，简直是在颠覆传统的绘画艺术，但它们真实地存在着，并影响着现代艺术、时尚和生活的进程。

我去过世界一些地方，在卢浮宫目睹《蒙娜丽莎》真迹，在伊斯坦布尔参观皇宫厨房的一套套大型元青花瓷器，登过埃及胡夫金字塔，拜过西班牙高迪圣家族教堂。一次次艺术洗礼，一回回历史教育，使深植我心的中华文明世界第一的概念有所修正。我知道了文明是整个人类的总称，中华文明只是人类文明的一部分，我们既不能妄自菲薄也不可妄自尊大。我深深感到了青少年最初认知的重要和迫切性。有一次在大连老虎滩海洋世界看鱼，几家父母孩子一起参观。他们的对话是："爸爸妈妈，这是啥鱼？""不认识呢！"妈妈说。"能吃吧，好吃吗？"爸爸大声说。一位港客小声嘟哝："有冇（没有）搞错？"佛罗伦萨那个噙奶嘴的婴儿形象又在我眼前显现。我想到的是如果有一天中国孩子能免费参观动物园、植物园、博物馆、美术馆就

下楼梯的裸女　布面油画　147.3×88.9cm　1912年　杜尚

好了。2010年元旦，我去省博物馆参观一个60年文物精品展，看到排队的人群里有不少身穿节日新装的小孩子在极其认真地参观中国古代的珍宝，感到心头一热。想，这些家长实在是有眼光的，他们在少年的心田里撒播着文明的种子。

在整个人类文明史上，科学和艺术是人类智慧的两翼。科学很实用，艺术较虚幻。科学很具体，艺术却很抽象，抽象到至今对艺术一词还没有一个精确的定义。科学推动着（有时是毁灭着）人类社会的步伐；艺术记录着人类生存的痕迹。科学和艺术是我们每一个人须臾不可或缺的珍宝。《读者欣赏》在2010年新春献给大家的，就是西方绘画艺术珍宝中一个简要的导读目录，几粒艺术种子，但愿这些种子在读者的心目中开放出无比绚丽的花。

（2010虎年春节于退读斋）

千古一帖话《兰亭》

（《读者欣赏》2002年第3期）

晋穆帝永和九年（公元353年）农历三月初三，是当时人的上巳节。所谓上巳节，最早的说法是“官民皆洁于东流水上，曰洗濯、祓除去宿垢病大洁”（《后汉书》），是一种祛灾去病的洗涤仪式，到晋时，发展到禊饮踏青，相当于今天的春游。上巳节在汉代以前，是每年农历三月上旬的巳日，魏晋以后定为三月三日，不必取巳日，算是固定下来。古时的文人雅士在上巳节的修禊仪式上，多选择宴饮咏诗这样的高雅之举。话说浙江绍兴（晋时称会稽）西南的天柱山下，有一鉴湖，湖口有小亭，名叫兰亭。这一日，时任会稽内史、右将军的王羲之与当地名士孙绰、谢安、支遁等四十一人聚会修禊，曲水流觞赋诗抒怀，共作诗三十七首，结纂为《兰亭集》，王羲之欣然命笔为之作序，写下了这篇千古名帖《兰亭序》。美丽的故事就这样开始了。

王羲之何许人也？恐怕无人不晓。去读《晋书·王羲之列传》洋洋洒洒一大篇，方知他的一些故事是出自正史的。王羲之是山东琅琊临沂人，西晋灭亡后南迁，移居会稽山阴，在当时算是名门望族。史书说他年少时纳言，话不多。太尉郄鉴欲找女婿，恰好王家办了一个宴会，郗鉴派门生到王家去，躲在暗处，偷偷观察那些小年轻的行为举止。门生回去禀报说，王家的小伙子都不错，特别是有一位躺在东厢房床上，袒着肚皮，旁若无人地吃东西的那位王氏子弟，名叫王羲之。郄老先生说，就是他了。此人气质不错，将来必有出息。这就是脍炙人口的成语“东床快婿”的来历。所以王羲之的表字叫“逸少”是名副其实的。

说来这位王羲之的确有出息，他始任秘书郎，继为长史、宁远将军、江州刺史，曾为右军将军、会稽内史，因此自称右将军，人们称他为王右军。王羲之在会稽期间，地方遭灾，他开仓赈贷，并给朝廷上书要求减轻赋役。永和十一年，也就是兰亭修褉后的第三年，王羲之辞职而去。寄情山水，大约活了五十七八岁。

史书载王羲之是一位性情任率的人，到朋友家见人家的几案滑净，趁主人不在，操起笔来，写了一大篇字。朋友的父亲回来了，看到几案，大为不快，忙拿刀刮去，以至朋友归家后追悔莫及。又有老太

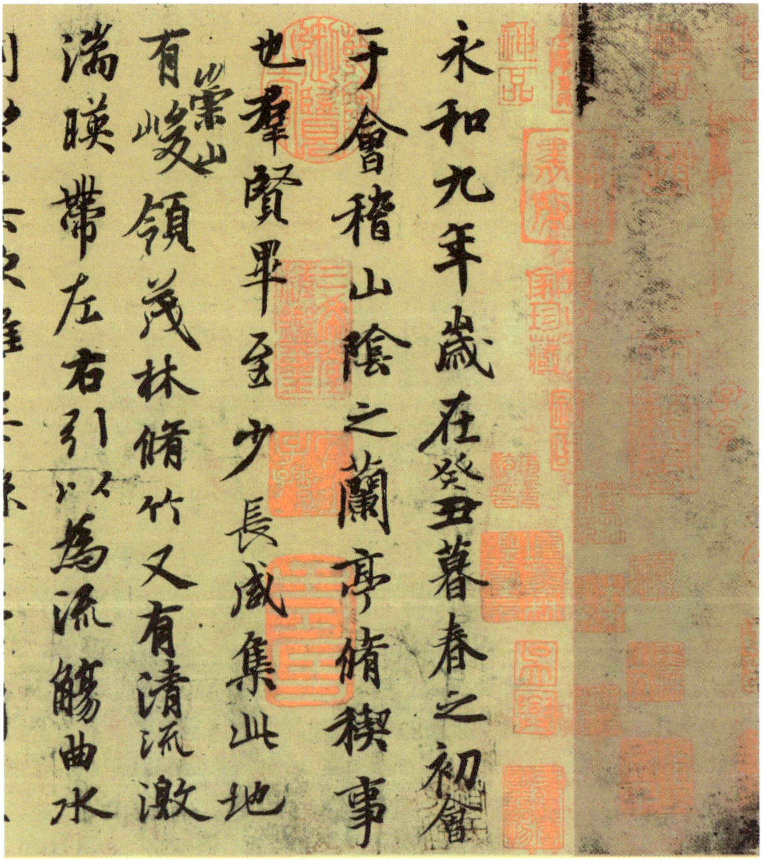

《兰亭序》临本（局部） 唐 冯承素

婆在桥头卖扇，王羲之拿过扇来，写了几个字交还气白了脸的老太太，说明天你这把扇要以十倍的价才可卖出。第二天果然如应。于是老太太又来求字，王羲之笑而不应。云云。大约那是一个长期战乱与思想相对自由的时代，《晋书》中有不少这类故事。

又回到兰亭去。传说王羲之在当时以蚕茧纸、鼠须笔挥毫作序，以行书写成，凡二十八行，三百二十四字，一气呵成，如有神助，成为顶峰之作，不可更改。虽然我们看到帖上有三处涂改，似为草稿，那也和颜真卿的《祭侄稿》一样成为名帖的标志，不可更改。而《兰亭诗》也因后来唐代的柳公权等人抄写，而成为一种《兰亭序》的佐证。

王羲之生前就已经以书法知名天下，当时的文人士大夫与他相互酬答，都有不少书信留存下来，作为传家宝秘藏。王羲之去世之前，他的第七个儿子王献之也已成为十分知名的书法家，史称“二王”，我们今天看那些与二王同代人的字帖，可以发现许多人的字都写得很好，因为当时写字已成为一种时尚。王羲之逝世之前，叮嘱他的儿孙们不要接受朝廷的世袭封授。可能是因为他的儿孙都很有才华，完全可以自食其力。也可能是认识到国土窄小、偏居一隅的东晋政权前途未卜吧。王羲之去世后六十年（公元420年），东晋灭亡，进入南北朝时期。又过了170年，隋朝统一了混乱几百年的中国，但隋炀帝很快断送了江山，隋只存在38年便被唐王朝取代。

唐太宗李世民是一位有为之主，他励精图治，开始了著名的贞观之治。李世民文治武功，是一等的天子人才。他爱好书法，对王羲之的书法更是推崇备至，大量搜集、观摩临习。要知道唐初距离王羲之生活的时代已有整整三个世纪。在长期战乱的三百年中，王氏作为传家宝的《兰亭序》已传到了七世孙智永手中。无奈智永是和尚，无后代可传，只好在临死前将法帖交给他的徒弟辩才和尚。唐太宗听说此事，三次召见辩才。辩才诡称不知所在，太宗也无可奈何。大臣房玄龄献计，荐监察御史萧翼以智取之。于是萧翼乔装打扮来到会稽辩才的寺院，骗取辩才信任，连偷带抢，从屋梁取得《兰亭序》真迹，去长安向皇帝复命。辩才发觉后，知是皇上所为，也就自认倒霉了。据说李世民得到真迹大喜，命拓数本赐太子诸王近臣。当时皇帝对书法的重视程度可谓空前，国家设置了专门的书法机构叫弘文馆，有专人去做收集、拓传、讲授等工作，比今天的书法研究会要牛气得多。到盛唐时期，写一笔好字，就是入仕的敲门砖。所谓上之所好，下必甚焉。有皇帝的这等爱好，就有了全国的书道高潮，所以唐代的大书法家特别多，官员们几乎人人都能写一笔好字，除虞世南、褚遂良这样的大臣外，民间的书法也差不到哪里去，我们从敦煌写经上就可以看到许多民间不知名的抄写者的书体，比今天的大书法家还要过硬。

李世民特别推崇，甚至独尊王羲之的书体。在他当主编的《晋书》中，《王羲之传》是他亲手撰写的。他说：“详察古今，精研篆素，尽善尽美，其惟王逸少乎！观其点曳之工，裁成之妙，烟霏露结，状若断而还连，凤翥龙蟠，势如斜而反直。玩之不觉为倦，览之莫识其端，心摹手追，此人而已。其余区区，何足论者。”（《晋书·王羲之传》）于是，王羲之被推为书圣，他的书体得以影响了整个唐代，直至今天。这使我们想到一个有趣的问题；时尚的造就与造就的时尚，总是得有一种推力，上帝都在思考第一推动力，李世民可能正是今日汉字字体统一的一个重要推动力，虽然他自己也许认为只是一种爱好。

再回到《兰亭序》真迹上去。李世民毕竟是英明之主，他要将这件宝贝公示部下，共享快乐。那时没有复印机，没有胶版印刷，最先进的方法是用纸拓描，先摹双钩（即轮廓线）再填实墨。双钩又可转刻于石，制成书碑，拓传后世。另一种方法就是现场临摹。我们今天有幸看到的《兰亭序》唐摹本中，最著名的有冯承素本，正是钩填本。冯承素何许人也？他是弘文馆四位著名摹拓专家之一，当然自己也写得一笔好字。所以后世以冯本为最接近原帖的摹本被推崇。另外几个本子，一是大臣虞世南的临摹本，一是大臣褚遂良的临摹本，这两人是初唐书法四大家之二，名气和身份强化了这些临帖的价值和排名。如果我们仔细看这三人临的《兰亭序》，很容易发现异同，奇怪的是这些字体和个性的差异，在最后仍然被一种原帖的神秘力量归化，变得整齐划一，就好比去看一个民族一个人种一样。《兰亭序》的魔力就在于典型，典型得可以允许你变化，但你不可能变到出大格。我们在所有的临帖人那里都能看到这一点。无论是赵孟頫、沙

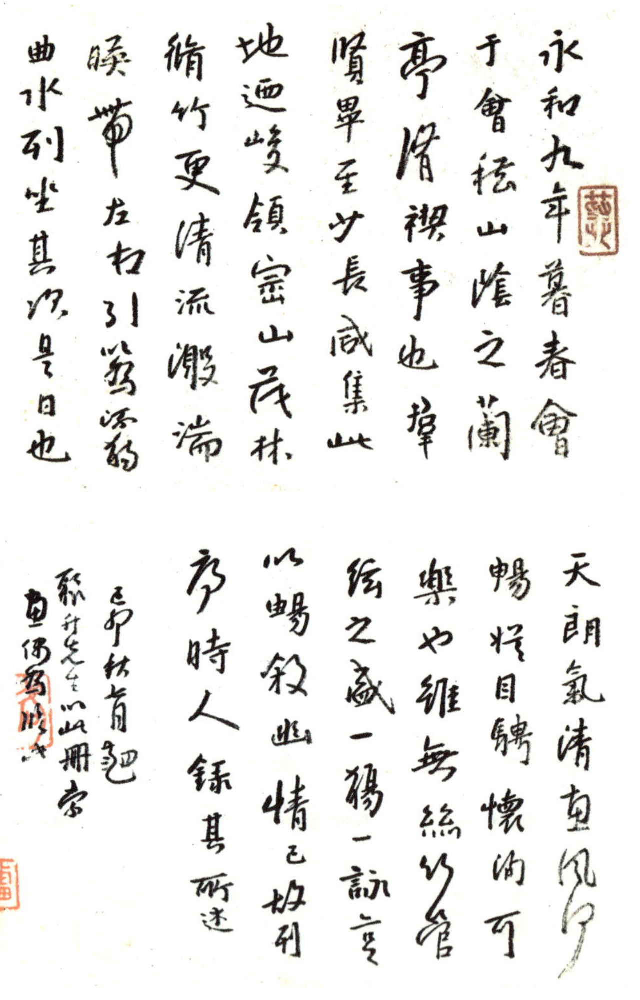

《兰亭序》临本　清　朱耷

孟海，还是沈尹默。还是有极个别人走得远了一点，如那位八大山人朱耷，怎么看也是朱耷自己的字体，可是仔细去想，仍然有着原帖的声韵，就像一位在海外多年的老华侨，仍然会说一些中国话一样。

《兰亭序》的复出，在贞观年间绝对是一大文化新闻。到了唐太宗去世前，又出了第二个新闻，李世民在临终之前叫来儿子李治，对他说："我想从你那里求一样东西。你是个孝子，怎么能违背老子的意愿，你说呢？"于是《兰亭序》从此陪唐太宗葬入了昭陵，将这段千古之谜重新继续下去。

读到这里，读者一定会发问，如果有一天文物考古部门发掘昭陵，会不会使《兰亭序》再见天日呢？谁都这么想。

可是，事情并不那么简单和美妙。1965年7月8日，毛泽东致函郭沫若，就《兰亭序》引起的争议做出指示："笔墨官司，有比无好。"于是在学术界引发了《兰亭序》真伪的新论战。

其实，有关《兰亭序》真伪在南宋就有人提出过疑问。到了清代有一位名叫李文田的学者也认为此帖系伪托。主要疑点是在东晋灭亡以后到唐代，著名的王帖收藏家、文选家的目录上恰恰没有这么著名的《兰亭序》。如果说有的话，也只是在《世说新语·企羡》梁刘孝标注引的王羲之《临河序》。此文从"永和九年"到"一觞一咏亦足以畅叙幽情矣"，一百零三字与《兰亭序》几乎一样，下缺"夫人之相与"以下一百六十七字，多了一段"故列叙时人录其所述。右将军司马太原孙丞公二十六人，赋诗如左。前余姚令会稽谢胜等十五人，不能赋诗，罚酒各三斗”，共四十九字。换句话说，两个序讲了同一件事，究竟哪个是真的呢？此其一。从书体演变上看，东晋的主流书体为隶书，而《兰亭序》的字体是梁陈以后到隋唐的行楷字体。是其二。

1965年，郭沫若从这些观点出发，根据南京出土的《王兴之夫妇墓志》《谢鲲墓志》及新疆出土的《三国志》写本的字体分析，得出结论：文章根本就是伪托的，墨迹不用说也是假的。郭氏不愧是历史学家、考古学家，又是书法家，此论一出，石破天惊，引起轩然大波。国学家章士钊惊呼：“夫如是，诚不知中国书史经此一大破坏，史纲将如何写法而何！”书法家高二适叹道：“此乃不啻古帖学作了一大翻身。”郭氏还说，“太宗要以《兰亭》陪葬，何必向他儿子乞讨？父子之间的耳语，又是谁听来的？”

郭氏此说，还有另外的“佐证”。据《新五代史·温韬传》，后梁耀州节度使温韬曾盗过昭陵，说墓中“床上石函中为铁匣，悉藏前世图书，钟王笔迹，纸墨如新，韬悉取之，遂传人间。”据此说来，如果真有《兰亭》，这位盗墓者应有所获，何以真迹消息杳如黄鹤？

郭沫若先生以一盆冷水将美妙的故事浇得索然无趣。但他还是得出一个令人尴尬的新结论，伪造《兰亭》者，正是王羲之的七世孙智永！

1966年“文化大革命”开始，《兰亭》之争，也就随“扫四旧”被扫到人们脑后。传诵千古的兰亭故事亦真亦幻，虚实难辨，成了千古悬案。今天再提此事，有一种异样的感觉。我想的是，原本，我们崇尚美，如果是完美和至美，那便是极致的幸福，并与美一同快乐着；可是，一旦这种完美受到质疑甚至被破坏，就可能引发信仰的崩溃，使人产生莫名的痛苦。

转而再想，残缺的美又如何？当我们看惯了断臂的维纳斯后，就没有多少人去找出完整的维纳斯了。据说有人做过多次实验，让她手持苹果之类，统统归于失败。在所有人的心目中，残缺原本就是最完美的！

《兰亭序》也许就是这样的艺术品，它的价值在于已根植于人心的那种美！

皇帝画家赵佶

（《读者欣赏》2003年第8期）

说起中国封建社会的皇帝们，除了刘邦、朱元璋这些出自草莽的开国之君外，大都在少年时受过良好的宫廷文化教育，精通鉴赏书画，自不在话下。有的皇帝还能写一笔好字，到处书旨，成为风流盛事。唐太宗李世民更是书法爱好者和书圣王羲之的崇拜者。传说有一次李世民写字正得意时，召来大臣褚遂良，笑问："朕的书法如何？"褚恭答曰："第一！"皇帝又问："那么你的书法如何？"褚又恭答曰："也是第一。"李世民心想，怎么会出两个第一。追问怎么回事？褚遂良不慌不忙地说："皇上的书法，是历代帝王第一；臣的书法，是当代书家第一。"李世民再没说什么，事情就这么了了。从此有了“官体”和“书体”之区分。“官体”一般代表身份地位；“书体”一般代表书风和当时的艺术水平。二者常常不能兼得。但中国历史上却有一位皇帝将二者完全地集中起来，成为后世公认的高水平专业书画家兼皇帝——他就是宋徽宗赵佶。

作为皇帝的赵佶，是历史上有名的昏君。他本是宋神宗的第十一子。赵佶十九岁时，他的哥哥哲宗于公元1100年病死，因无子，太后向皇后遂立赵佶为皇帝。赵佶即位后不久，即重用蔡京、童贯等六大臣，时称“六贼”。一方面，赵佶将前朝大臣司马光、文彦博定为“元祐奸党”，又将章惇等人定为“元符党人”，刻石朝堂，以示贬斥。另一方面，赵佶大肆搜刮民脂民膏。最恶劣的是为了修建园林宫殿，派朱勔设立苏杭应奉局，专门抢劫民间奇花异石，押运汴京，称“花石纲”。《水浒传》中描写的花石纲，即是当时真实写照。赵佶的穷奢极侈，很快将北宋政府历年的财政积蓄挥霍一空，国力空虚。加之民怨沸腾，爆发了方腊、宋江等农民赵义。赵佶即派兵进行血腥镇压，毫不留情。

公元1125年10月，也说是赵佶即位第25年的时候，金军大举南侵，直逼汴京，徽宗赵佶接报后吓得昏倒在床上。被救醒后，伸手要了纸和笔，写下“传位于皇太子”几个字，然后宣布退位，让位于儿子赵桓，借口烧香，逃到安徽亳州蒙城。等到来年春天，李纲击退金兵，太上皇赵佶回到汴京。不料这一年闰十一月底，金兵再次南下，十二月十五日攻下汴京。金帝将赵佶、赵桓废为庶人，到次年3月底，

瑞鹤图（局部）　绢本设色　51×138cm　赵佶　辽宁省博物馆藏

又将二位废帝连同后妃、宗室百官数千人，以及教坊乐工、技艺工匠、法驾、仪仗、礼器、珍宝玩物、皇家藏书、天下地图等一股脑儿押送北方。汴京被掳掠一空，北宋灭亡。

这位亡国皇帝被辱封为昏德侯，先穿上丧服到金太祖阿骨打的庙里叩头献俘，后被关押到五国城（今黑龙江省依兰县）与儿子一同被囚禁。这就是历史上著名的“靖康之难”。

悔恨已晚的赵佶不断带话给南宋皇帝宋高宗，要儿子“不要忘了我北行的痛苦”、“快来援救父母”。南宋的高宗皇帝似乎并不急着去救他的爹。公元1135年4月，被囚禁9年的赵佶终于死在五国城，活了53岁。又过了7年，南宋方面才将赵佶遗骸运回临安（今浙江杭州），由高宗葬之永佑陵，立庙号为徽宗。他的儿子赵桓终身监禁30年之久，最后也死在五国城狱中。

可见他作为皇帝是不称职的，纯属历史的误会，与他可类比的，还有南唐后主李煜。

但是，这个昏庸皇帝却又是一位杰出的画家。赵佶从小喜爱艺术，在登基之前，与驸马都尉王诜、宗室赵令穰等画家往来甚密。即位以后，凭这一兴趣爱好，把宫廷画院搞得热火朝天。他于崇宁三年（1104年）设立了画学，正式将其纳入科考。他创造了命题画画取士的方法，并被后世模仿。比如他出过“竹锁桥边卖酒家”、“蝴蝶梦中家万里”、“野渡无人舟自横”、“嫩绿枝头红一点”之类的考题。有

赵佶瘦金体

一个考题叫“踏花归去马蹄香”。考题一出，多数考生都在画马画花。只有一个考生画的是一匹骏马缓步而行，几只小蜜蜂追逐在马蹄左右。赵佶看后大喜，说这幅画的妙处在于只有踏花归去的马蹄才有香味，引来蜂飞。这位考生遂被选中。

赵佶对画院的关照源自于他对艺术的爱好。这位皇帝琴棋书画无所不精，尤其在书画上。他的书法天骨遒美，逸趣蔼然，人称“瘦金体”，是赵佶自创书体，至今独步天下。他的绘画，以花鸟为擅长。如现藏北京故宫博物院的《芙蓉锦鸡图》，画的是秋天的郊野，一只锦鸡跃上了盛开着的芙蓉枝头，那芙蓉花枝不胜锦鸡之重而摇曳不止，惊飞两只蝴蝶，翩然翻飞。画中秋意盎然，色泽稳重，蝶鸟花相互呼应，鸣响了一曲生命的协奏曲。如果说《芙蓉锦鸡图》是当时常见的画材画风，那么《瑞鹤图》则可谓创新之作。

《瑞鹤图》现藏于辽宁省博物馆，是赵佶最具盛名的作品。欣赏这幅作品，先要细读画家本人的题款：

政和壬辰上元之次，忽有祥云拂郁，低映端门，众皆仰而视之。倏有群鹤飞鸣于空中，仍有二鹤对止于鸱尾之端，颇甚闲适。余皆翱翔，如应奏节往来。都民无不稽首瞻望，叹异久之，经时不散，迤逦归飞西北隅散。感兹祥瑞，故作诗以纪其实……

说的是公元1112年，北宋东京汴梁城中，元宵佳节之后第二天下午，有人告诉他，不知从何处飞来十几只仙鹤，绕着宣和殿飞翔。赵佶

芙蓉锦鸡图　绢本设色　81.5×53.6cm　赵佶　北京故宫博物院藏

看后，龙颜大悦，回到宫中乘兴画出了这幅有名的作品。

先看作品的构图，在皇宫屋顶的金字塔形特写上，留出五分之四的大面积天穹，平面地铺陈了二十只仙鹤，除二只立于鸱尾外，其余十八只在天空中盘旋。我们还看出二十只鹤的构图排列呈45°的棋盘状，回飞的方向也呈现整齐的45°东西南北四个方向。如果再仔细观察飞鹤的姿势其实最多三种：鸱尾左一种，鸱尾右一种，天空十八只都是同一种姿势。但由于作者巧妙而有节奏地改变了飞鹤的飞动方向，使所有的飞鹤在视觉上看来绝无雷同，是作者的高明处！

再看设色，画中天空大面积用了石青色平涂，突显了鹤的洁白，下方的宫殿，朱墙青瓦红云缭绕，表现了祥瑞之气，也在色彩上与大片空域对比中产生平衡。这种视窗式的构图，与古代国画中散点透视的构图法是大不相同的，是一种在今天看来仍不失先进的前卫创新。色调的冷暖、构图的动静、场面的热烈与安定，在这里被高度统一起来了。这幅作品极富皇家的庄严和典雅华贵，加上赵佶的瘦金体题款，成就了它作为宋代中国画杰作的地位。

赏画至此，我们对这位皇帝画家又有什么感叹呢？哲宗驾崩，徽宗未立之时，也有大臣“谓其轻佻不可君天下”，结果不幸而言中，史家评赵佶曰：自古君玩物而丧志，纵欲而败度，鲜不亡者，徽宗甚焉。可是他的儿子赵桓史载什么爱好也没有，也没有什么坏嗜好，当了一年短命皇帝仍然亡国，那又是为什么呢？

石鲁是这样一个名字

（《读者欣赏》2003年11期）

石鲁是一个古典的名字。像上个世纪三四十年代的人一样，文化人喜欢给自己起一个励志的笔名，如鲁迅原名周树人一样，石鲁是一个笔名。他原名冯亚珩，在同辈中行九。石鲁后期自画的印章中常署“冯门九子”款识，可见他很是记得自己的出身。他出生在四川仁寿县一个商贾之家，有冯氏庄园，家有藏书十万余册。他的家学很封建，家教更封建。但冯亚珩生性喜欢自由，十五岁第一次离家出走奔向他二哥执教的艺专。二次离家是不满母亲为他包办的婚姻，结婚三天，即逃之夭夭，时年二十岁。从此，冯亚珩上了华西协和大学，读社会科学，不久又退学奔抗日前线。到达延安后，他改名石鲁，以表对明末清初的画家石涛和“左翼”文学家鲁迅的敬仰和崇拜。石鲁在延安工作学习十年，这是四十年代，从抗日战争后期到解放战争结束，中国历史翻天覆地。外寇被驱逐，帝制被颠覆，国共两党的斗争正欲分晓胜负。作为一名年轻的革命美术工作者，石鲁如鱼得水，发挥了他的超常才干。在石鲁身上，展现出他的“永无休止的进取精神和坚持真理的勇气”（刘曦林语）。这种精神体现了石鲁世界观里古典正统的一面，这里有明室遗胄石涛的影子，也有破落家族周家长子鲁迅的味道，也许更深层次地有石鲁的富商家族封建的沉淀。

石鲁是一个聪悟的名字。从一些片断履历中，我们看到，石鲁就读过的学校有成都东方美术专科学校、华西协和大学、陕北公学院。好像他并没有完整地受过系统的美术教育。他的经历新中国成立前以实用美术为主。二十岁抗战时期的前锋剧团、二十一岁西北文艺工作团、二十九岁主编《群众画报》，而立之年的三十岁，新中国成立前夕，石鲁曾在延安大学文艺系美术班工作过很短几个月，然后去北京出席第一届全国文代会，当选全国美协执委。会后调边区文化协会创作部工作。两年以后，调任西北画报社社长。

1953年，石鲁出席第二届全国文代会，次年，当选美协西安分会副主席，时年三十五岁。此后十年，石鲁进入了创作的第一个高潮期，他先后赴印度、埃及写生，并以陕北为创作生活基地，与赵望云等画家一起，坚持“一手伸向生活，一手伸向传统”的原则，大胆革新中国

石鲁像

画，形成了“长安画派”，雄踞北方。

阅读石鲁五十年代早期如《古长城外》等作品，我们看不出那些国画有什么特别之处，完全是当时“革命现实主义”的连环画彩色绘本。可是到了1955、1956两年的印度写生，石鲁似乎在进行脱胎，我们在这里看到了中国画的笔墨和西洋画的色彩及透视。石鲁在短短的两三年里，完成了他中国画技法的第一次实验性提升。

在五十年代末到六十年代初的几年里，石鲁专攻山水，并且探索出一套特有的笔墨手段。如山石的泼墨皴和近浓远淡的透视手法，都是继承和扬弃的结合体。并且这种笔法越来越石鲁，自成一家。

石鲁的另一种聪悟，表现在他试图用山水表达当时很流行的政治体裁。最著名的要算那幅《转战陕北》。石鲁第一次在陕北群山中塑造了领袖的背影。伟人与山，相互映衬，把中国画提高到一个新的层次。

石鲁的聪悟还表现在他总是能在最佳时机找寻到艺术的最佳切入点。谁也不会想到他有极好的文字功力，在他盛年的三十七岁创作电影剧本《暴风雨中的雄鹰》，并被拍成了电影。石鲁的名字代表着才华横溢，代表着聪明绝顶，代表着天才与勤奋……

石鲁是一个苦难的名字。石鲁的才华是绝代的，他和大多数才子一样，性格狂隽，恃才傲物。早在延安时期的“高傲”、“个性强”、“个人英雄主义”的帽子，一直追随着他。特别是在他一生辉煌的那

书法　石鲁

十五年（1948—1963年），他一直生活在成就与毁誉、才华与遭嫉的中国特有的生存形态中。他自命清高的孤傲性格像催化剂一样，助长了存在于阴暗角落里的恶的联合。1964年，他的噩运来临，先是给他带来巨大声誉的《转战陕北》遭到批判封杀，随之严重的肝病袭来。1966年的“文革”开始，对石鲁更是面临灭顶，被关进“牛棚”，罪名是他被称之为“野、乱、黑”的“黑画”，更有甚者，石鲁被“革命委员会”提名“判死罪”上报要求“处决”。当然，除了“黑画”外，还有一个电影剧本《刘志丹》的干系。

石鲁疯了。他曾两度从囚禁的“牛棚”外逃，在乡下流浪，有时饿极了，生食农民的包谷，还不忘记打一个日后还报的借条。石鲁住在自称“芦屋”的斗室里，身着肥大过膝的长衣，浪迹市井，或嬉笑怒骂，或自吟自唱，以酒代饭，如痴如醉。奇怪的是，在这种精神分裂症的状态下，石鲁没有辍止绘画，而是创作了大批书画，迎来了他第二个艺术高潮。

石鲁在“文革”十年的画作由山水转为花鸟，他已无法从事有政治色彩的所谓创作了，只能回到传统，走文人画的路。石鲁的文人画只能属于石鲁自己。仔细观摩这些作品，画其梅，或一枝横挂；画其兰，仅两叶三花，与刻味很重的题款，共构为一种悲壮。从文人画角度考量，其笔墨构图和意境，已达诡奇天成之标格。

在这十年，石鲁还将五十年代一些埃及、印度速写旧作拿出来，

转战陕北　石鲁

在上面反复描画一些神秘的符号。层层密密，并不伤害原作，给人以浑厚，转而备觉凄凉的感觉。

石鲁一贯坚持的一些创作思想，并未因批判而放弃，反而得到了强化。他借书法重申“画以流美，书以言情”、“心怀日月，气感山河”、“书者人之质也”这些精神。是苦难造就了石鲁的艺术吗？

石鲁是一个铿锵的名字。“文革”中要求处死石鲁的报告迟迟未能实行，原因是精神分裂症意外地救他一命。石鲁命运的奇特和悲情可见一斑。“文革”结束后，石鲁的“问题”并没有很快廓清，直到1978年石鲁病重，北京来人将他接到首都治疗。由于他受的磨难太多太多，命运不假以天年，石鲁于1982年病逝北京，终年63岁。

让我们诅咒命运吧！这使我想起著名电影导演伯格曼的一句话：人的尊严在于能够对我们看似前后矛盾的命运逻辑，反复地质疑。

石鲁是一位天生的叛逆者，他背叛了自己的家族，投身革命阵营，但最终还是在自己的阵营中被打成异类，返回“老九”之界。在书画领域里，他也可算作一位叛逆者，他在传统和现实中不断跳跃，反复提升，最初在继承的前提下发展了传统，最后又在现实的条件下皈依了传统。

有人说过“性格即命运”的话，在石鲁身上应验得多了一点。他太多的刚烈和宁折不屈，使他吃了过多的苦头。据说“文革”中有位职位很高的领导人要求他画一幅梅花，石鲁硬是不允。他说：“我还没有到用自己的画去乞求生存的地步。”而石鲁曾有一幅著名的梅花，题款是：“横挂一枝天地大，不是楣花是梅花。”“楣花”我们不曾见过，可“媚花”之类不是很多吗？石鲁的人格可见一斑。我们在今天去拜谒“文革”时期的这位才俊，有多少感想联翩而生。

横竖考量，石鲁应当是一个铿锵的名字，他的作为、他的作品、他的主张、他的境遇，都铿锵有声。我向一位画家请教怎样读石鲁。这位画家说：“刻，刻的味道。石鲁在延安时刻过木刻，所以他的书画中刻味十足。”的确，石鲁画印、写字、画画都有金石味，这种金石声，是铿锵的。石鲁的名字也将被重重地镌刻在中国美术史上，他的名字也是铿锵的。

棋士吴清源

（《读者欣赏》2003年第12期）

说到吴清源，人们自然会联想到围棋、国手和中日关系这三个词。

吴清源1914年出生于中国福州。他的祖父吴维贞曾是清代官吏，当过浙江道台，离任后取得福建的盐业专卖权，成为大盐商。他的父亲吴毅是吴维贞70岁时生的第五个儿子。早期留学日本，回国后当了民国政府的一个小官，在北京就职。由当时的民国大总统徐世昌做媒，吴毅娶了曾任清末御史大夫张元奇的女儿舒文为妻。吴毅有三个儿子，老大吴浣，老二吴炎，老三吴泉，清源是吴泉的字。吴清源出生不久，便举家迁往北京。吴毅在日本时曾迷上过围棋，所以对三个儿

吴清源像

子的教育，是四书五经加围棋。吴清源四岁读书，七岁学棋。吴毅见这孩子有围棋天分，便带他出入北京一些棋院，与当时的一流棋手顾水如等对局，在北京渐渐出名，被称为天才少年。后来顾水如又将吴清源带进军阀段祺瑞的府内。段氏酷爱围棋，府中有不少清客陪他下棋，一般都让着不赢，以博段氏一乐。少年吴清源不知就里，与段氏对局，三下五除二，赢了段大帅。段祺瑞虽然不快，但仍如数每月付给吴清源100大洋的学费奖励。因为当时吴家家境已很不妙，吴毅得了肺病，靠变卖家产维持。1925年，吴毅病危。临终前，他将三个儿子叫到床前，交给老大吴浣一本字帖，老二吴炎一本小说，交给老三吴清源一本棋谱，不久撒手而去，年仅33岁。

1926年，12岁的吴清源有机会和在北京的日本俱乐部的一位日本初段下了一盘棋，以6目轻松取胜。有一位美术商山崎有民静静地观战。赛后，山崎立即给日本的大棋士濑越宪作写了一封信，激动地告诉他中国有一位名叫吴清源的天才少年。濑越是日本棋界第二号人物，得知这一消息后，奔走在日本财界、政界名人之间，不遗余力地促成让吴清源东渡日本下棋。据说后来任日本首相的犬养毅问：“如果北京的天才少年来了日本，将来夺取了名人位该怎么办呢？”濑越答道：“这正是我的宿愿。”

1928年10月18日，14岁的吴清源在母亲和大哥的陪同下东渡日本，四天后到达神户港，踏上了日本的土地。落脚不久的12月，在日本财界要人、日本棋院副总裁大仓喜七郎安排下，下了几盘测试棋，被日本棋院定为三段资格。其中第二局测试棋是与全日本第一的本因坊秀哉名人下的让两子局，吴以4目胜。1929年，又有幸与秀哉名人下过一局让三子局，吴以11目胜。可这是让子局，不能代表什么。真正等到向秀哉名人挑战的一局棋，是四年以后的事。1933年，读卖新闻社主办了由五段以上棋手参加的“日本围棋锦标赛”，最后的冠军将有与秀哉名人对局的殊荣。这一次，吴清源先后战胜了木谷实、桥本宇太郎后夺得冠军。读卖新闻社社长正力松太郎得知这一消息后，竟然忘情地握着亚军桥本的手说：“真是输得太好了。”人们都想看到这位来自中国的年轻棋手与日本棋界巨人的角斗。

1933年10月16日，19岁的吴清源五段对阵60岁的本因坊秀哉名人。棋座，秀哉名人昂首闭目危坐，俨然尊者，吴以三三开局，到第13手，下出了他多年研究的三三·星·天元新布局。秀哉大吃一惊，下到第14手，宣布打挂。“打挂”就是中止比赛，是当时的日本棋规，高段的一方在对局中有权随时宣布打挂。名人一旦感到局面困难，就打挂回家与众弟子商量对策。有一次，吴只下了一手棋，名人长考三个半小时后，一子不落就打挂回家去了。这局奇异的棋居然下了三个半月，打挂13次。棋局直到159手，都是名人苦苦支撑。但名人160手出一妙手使局面逆转，至252手结束，最后名人以2目胜。后来有人透露，第160手原来是名人的弟子前田陈尔五段发现的。

这局新老棋手的对垒标志着现代围棋兴起和古代围棋的结束，引发了布局、棋规、赛制等一系列变革，所以被称之为“世纪之局”。五年后，秀哉与木谷实下了一局长达半年的引退棋，木谷实以5目半胜。本因坊二十一代秀哉名人引退后，把四百年历史的“本因坊”的世袭称号赠给日本棋院，日本的古代围棋时代宣布终结。

《读卖新闻》注意到吴清源的商业价值，与吴签订了专属协议，策划了主题叫“和吴清源先生下不下十番棋”的升降十番棋赛事。十番棋是日本江户时代就有的一种赛制，有点像擂台赛。每届十局，胜者获“名人棋所”称号，败者则要被“降格”，地位比原先同等棋手矮一格。如果连续两届十番棋落败，则会被日本棋院除名，可见其严酷程度。1939年，第一届镰仓十番棋中木谷实挑战吴清源，三年苦斗，最后吴6胜4负，以胜利告终。从此后的17年里，吴清源先后与雁金准一、藤泽库之助、岩本薰、桥本宇太郎、坂田荣男、高川格等一流棋手进行过十届十番棋比赛，除与雁金准一的棋赛在吴先胜情况下为维护雁金声誉被强行中止外，打败了所有能够成为对手的棋手，取得了空前绝后的战绩。吴清源成为二十年里日本棋界第一人。这一时期遂被称为“吴清源时代”。

“吴清源时代”对吴清源本人而言，其实是荣辱共存、甘苦自知的艰难时世。吴把十番棋时期称为“悬崖上的白刃格斗”，只能胜利，不能失败。胜利代表着生存权的取得，失败则意味着“回到中国去”（濑越老师语）。吴清源即使在最辉煌的时期，仍受到某些不公正待遇。本来日本自古以来就有把“名人”称号授予棋艺到达巅峰的棋手的惯例。但授予吴“名人”的话题连提都没有提起过。就连吴清源的九段称号，来由也很古怪。1948年读卖新闻策划的十番棋中，吴的对手是藤泽库之助九段。藤泽是当时日本棋院唯一的九段。按规定藤泽九段，吴清源八段，不能分先。吴提出严重交涉，日本棋院作出一个决定：从六段和七段中先选出10人，与吴八段对抗。从来是高段考核低段，这次却是低段考核高段。吴还是答应了，以一对十，最后8胜1败1和。日本棋院授予吴清源九段称号，与藤泽的问题解决。结果是藤泽在这届升降十番棋和另一届复仇十番棋中连连败北。藤泽被降格，后来在参加比赛时改名为“朋斋”。

1961年8月，吴清源在一次交通事故中被摩托车撞伤，留下了严重后遗症，从此比赛成绩节节下滑，1965年，在第四期名人战中八战全败，吴清源神话时代结束。纵观吴清源先生的棋战史，7岁在家学棋，10岁在京出名，14岁东渡日本时被授三段资格，15岁四段，16岁五段，20岁六段，25岁七段，30岁八段，33岁开创了一个围棋新时代并被定为九段。70岁正式引退，驰骋棋坛60多年，被尊为当今“棋圣”。反观这段历史，我们又发现，30年代末开始举办的本因坊和60年代开始办的“名人”、“王座”、“十段”等各种公开赛的冠军竟全部与他无缘。吴先生其实是一位无冕之王。知者评论说，这与他的中国人身份有关。

吴清源1928年东渡，8年后的1936年取得日本籍，1946年失去日本籍，33年后，于1979年再度取得日本籍。也就是说他在日本有41年时间是以中国籍身份活动的。这也许可以解释为什么早在1947年就已被日本棋院除籍，而吴还被长期蒙在鼓里，以及吴打遍东瀛无敌手，但却无一个棋院名衔的奇怪存在。吴先生对这些好像并不耿耿于怀。因为除了弈棋，他还有幸福的家庭、师长和朋友、棋艺的研讨和中日友好的使命。

1940年，吴的母亲和长兄回国，日本女子围棋元老喜多文子六段认为吴清源应当有人照顾了。于是把她的一位好友的女儿介绍给吴。吴得知对方名叫中原和子时，当即表示非常满意，“中原”即中国，“和子”象征和平，他觉得这是一种缘分。1942年2月，28岁的吴清源和20岁的中原和子结婚。日本棋院副总裁、吴在日本早期的赞助人大仓喜七郎对和子说：“现在我们就将我们的宝贝交给你了，你一定好好地照顾他！”和子当即爽快答应。60多年过去了，他们有二子一女，都已成才，家庭幸福美满。

吴清源十分怀念那些在战争年代照顾过他的日本友人们。他的老师濑越宪作先生一生为振兴日本围棋事业而奋斗，为吴清源多方奔走，并承担了很大的压力。在吴成名后，濑越先生并不承认曾教导过吴清源这个高足，说吴从来就比我高。吴清源的师兄木谷实培养了

中的精神　吴清源

赵治勋、小林光一、小林觉、大竹英雄、石田芳夫、加藤正夫、武宫正树这些除林海峰外的几乎全部日本超一流高手。在四谷作邻居时候还经常派木谷道场的小弟子们去吴清源家做家务。

被称为中日友好民间大使的西园寺公毅先生，在吴清源初到日本时曾给他诸多关照。有一回，西园寺说“来了一个担任将来中日友好使命的人”，说的正是吴清源。这个预言在吴的晚年实现了。

1985年，吴清源退休之后的第二年访问了中国。在北京，他受到隆重接待。二哥吴炎陪他去北京玉泉山父亲墓地祭扫。这时，离他少年出走，已有57年！在半个多世纪里，吴清源亲历了中日关系由血与火的交恶到一衣带水的友好邦交的漫长过程。在日本侵略中国的战争年代，吴清源在日本被视为“支那人”，饱受歧视。在和平时期，吴清源要为祖国做一些事。早在五六十年代，吴先生曾张罗过让中国的陈祖德、陈锡明、聂卫平这些天才少年去日本留学的事，惜未成行。吴清源只有两个中国弟子，一个是林海峰，10岁从台湾去日本。1965年，林海峰获得日本第四期名人战冠军，年仅23岁，成为日本历史上最年轻的名人。另一个弟子是中国内地的女棋手芮乃伟，1993年拜吴先生为师，2001年获韩国国手赛冠军。

吴先生的晚年，仍不倦地致力于围棋研究，提出了“21世纪六合之棋”的概念。所谓六合，起之于太极，提倡“用中”，他认为“中”这个字，是中央有一根棒子穿出的形状，棒子将其分割为左右两个部分，表示阴和阳，中是取得阴阳平衡的一点，是最佳的意思。

围棋是中国人发明的，原本是一种高级的智力游戏，只有那些将智慧、技艺、耐力和意志完美结合的人才有可能获胜。围棋在古代被称为手谈，弈棋双方的才思气度，逍遥闲适和有如比武般血刃搏斗互为表里，“有因伐而失，有因弃而获，人生的大智慧，都在这里。”（王军语）吴清源先生能在棋界全靠自己的力量雄踞二十年而独步天下，自有其深刻的道理。

著名武侠小说家金庸曾自称古今中外最佩服的两个人，“古人是范蠡，今人是吴清源”。他认为，“在两千年的中日围棋史上，恐怕没有第二位棋士足与吴清源先生比肩。这不但是由于他的天才，更由于他将这门以争胜负为唯一目标的艺术，提高到了极高的人生境界……”

吴清源是天才吗？肯定是。而吴先生并不认为自己是天才，或者无冕之王。他始终认为自己是一位棋士。笔者试着用天赋去解读吴先生。天赋是人生最大的财富，与生俱来。夫非常之人，乃有非常之功。吴清源先生一生勤奋，专于一艺，无视清贫颠沛，保持廉洁人品，最终将自己从事的棋艺提升到最高境界而受人崇敬。是上苍让吴为棋而生，注定成为空前绝后的棋士楷模吗？我想是的。

磨砺成才文征明

（《读者欣赏》2004年第4期）

说文征明是天才，似乎不大精准。因为天才是天造之才，先天造就，与生俱来。而文征明的情况完全不是这样。

公元1470年（明成化六年），文征明出生于苏州一个官宦家庭。文征明的祖父文洪、父亲文林、叔父文森都当过小官，所以可谓书香门第。文征明小时候迟钝愚笨，八九岁还言语不清。他的父亲文林一心想让这个笨孩子登上仕途，用了两个办法，一是严格督促养成用功习惯，二是请最好的老师开启心智。于是成化壬辰科状元吴宽、国画大师沈周、书法家李应祯等都成了他的启蒙老师，并影响了他一生的道德价值观取向。文征明从小循规蹈矩，生活严谨，学习刻苦，性格

千林曳仗图页　文征明

随和。他知道勤能补拙的道理，用比别人多几倍的工夫去读书习字。每天临写《千字文》一遍，足足完成十大本才肯罢休。他的书信简札都用蝇头小楷书写，稍有错误，一定重写。以此苦功，几年以后，他的书法已小有名气。他的父亲也暗暗高兴，坚定不移地让儿子照他设计的读书、中举、考进士、做官高升、光宗耀祖的道路前进。

自1498年，文征明和唐寅（唐伯虎）一起参加乡试起（那年唐中了解元，一生以书画为业）到1522年止，一共参加了十届乡试，在长达三十三年的时间里没有取得任何功名，那时他已经五十三岁。第二年文征明受工部尚书李充嗣的推荐，到京城翰林院当待诏这么一个小吏。因政治形势恶化和频遭同仁排挤，干了三年，辞官南下，回到老家苏州定居，那时他已经是五十七岁的老人了。落第、归隐这类命运对大多数知识分子来说是不幸的。但对文征明而言，却是不幸中的大幸。正是他的这种不幸命运，为中国成就了一位书画大家。

文征明生活在明代中叶文学书画界承前启后的中兴时期，他生活的苏州又是这类文化运动的中心地带。因此他在文学复古运动、书界、画界都很有名，是中坚人物。在文学界，文征明与祝允明、徐祯卿、唐寅并称“吴中四子”；在书法界，文征明与祝允明、王宠并称“吴中三大家”；在画界，文征明又与沈周、唐寅、仇英并称“明四大家”。说明了文征明在其时的地位与影响。文征明晚年声望很高，成为继沈周之后独领风骚半个世纪的旗手型人物。

文征明在诗、书、画三界均有建树，有人评价说，他的成就画第一，书次之，诗文第三。

文征明的绘画师从沈周，但受元代赵孟頫影响颇深，他主张像赵氏一般，以“复古”为要旨。北宋李唐有诗云：“雪里烟村雨里山，看似容易画时难。早知不入时人眼，多买胭脂画牡丹。”文征明针对当时世俗追求的浓涂丽抹、精工纤细的坊间画风，主张高雅，古意盎然。我们从文征明的山水作品中可以看出沈周、赵孟頫，甚至米芾的韵味。

文征明的绘画以山水为多。他的山水构思缜密，笔法端庄，设色典雅，绝不苟且。这和他为人处世的哲学相一致。本刊选介的《惠山茶会图卷》（作于四十九岁）《东园图卷》（作于六十一岁）《真赏斋图卷》（作于八十岁）可以看出他始终如一的严谨画风和不断探索的精神。文征明在六十岁时花了三年时间创作了《仿米云山图》，完全舍弃了彩色，浓墨大点，气势逼人，但又给人以闲云野鹤的文人意境，反映出文征明对明代院体画风的冲击和突破。文氏很少画人物，他四十七岁时创作的《湘君湘夫人图轴》有六朝风，衣裙夸张怪异，人物充满古意，与唐寅的仕女图有隔世之感。

文征明的书法更为世人所熟悉。文氏书法成就以小楷最为突出。小楷书法在古代被认为是书法家的基本功法。所谓“工书者不精小楷，不能称书家”。文征明小楷脱胎于钟繇、王羲之，体势清丽，婀娜多姿，有魏晋古意。他在八九十岁的小楷作品与几十年前所写几无差别，可见功力之深。后世书家将文氏小楷评为魏晋以来第一。

文征明在诗书画创作中，特别强调人品气质，他直截了当地说，“人品不高”，则“用墨无法。”文氏一生品格极高。在他三十岁时，父亲文林在温州知府任上得了重病，文征明获讯赶赴温州时，父亲已去世三天。当地官吏见文林家贫如洗，凑集千金为赙，文征明坚辞不受。右佥都御史俞谏得知他很有才，但家境不佳，很想接济他。俞谏问他：“你早晚有什么困难吗？”文氏答道：“我早晚都有粥吃”。俞又指着他的衣服问：“怎么破成这个样子？”文答曰：“这是暂时淋了雨的缘故。”俞知他不肯随便受惠，一直未能启齿。

文征明晚年，求画者甚多，但他对权贵不予理睬，连当朝宰相严嵩去看望他，都不回拜。而平民、穷书生求画，他则甘愿奉送。

文氏一生刻苦勤奋，对学问孜孜以求，性格温雅，追求旷达，终成大器，使我们想起一位外国名人的“天才是百分之一的才能加上百分之九十九的勤奋”那句话。以一生之追求，精于一艺，成为业界领袖，谁能够说他不是一位真正的天才呢？于是有人称他为“勤奋的天才”。

跳蚤市场、老卡和黑白照片

（《读者欣赏》2004年第6期）

路易斯·卡斯塔内达是本刊的老朋友了。本刊创刊不到3年，何言其老？非也，老卡（我们这样称呼他）与《读者欣赏》一见如故，不断投来照片，用西方人的经营方法，直爽实际地谈判、交涉，有时与编辑可以在一小时内发几次E-mail争执一件事，喜怒哀乐，似在眼前。时下流行的摄影家形象似乎是：大胡子、摄影背心、大炮筒、越野车。而老卡没有这些，他一年四季背一两架徕卡相机，像一个游客，在街上转悠。如果在大街上看到他，绝对不会想到他是一位世界级的摄影家。

老卡自己有网站，他的简历是这样的：1943年生于古巴哈瓦那，

跳蚤市场场景之一　摄影/路易斯·卡斯塔内达

跳蚤市场场景之二　摄影/路易斯·卡斯塔内达

21岁至36岁为哈瓦那大剧院做摄影工作，并为当地刊物当自由摄影记者。1979年移居西班牙，开始当遍游欧洲的自由摄影记者，为西班牙期刊、旅游部、电视广播中心提供图片。1986年移居美国，继续他的摄影旅程，逐步在国际上享有盛誉。1993年被徕卡公司授予“徕卡摄影大师”称号。他还获得过《世界顶级摄影师》杂志提名的“最佳年度摄影师”，《美洲》杂志的“年度最佳图片奖”等荣誉。

去年年底，老卡投来一组西班牙跳蚤市场的黑白照片，使我如获至宝，眼前一亮。这组照片无论从构图、影调、用光、抓拍技巧，还是冲印剪裁都属上乘，几无瑕疵。我们欣赏这组照片，首先想到它是用徕卡相机拍摄的。只有徕卡照片，才有如此优美丰富的中间灰调子和浑厚的线条。在构图上，作者以老到的眼光，抓住闲谈人、旧货摊、买卖双方和小街道的各种特定场景，诗意地表达了跳蚤市场的内涵和文化气韵。

在欧洲和美洲，一些古老的城市中都有一种延续了几千年的传统旧货交易市场——跳蚤市场。在特定的时间和地点，人们在那里交易旧货。件件旧货默默地展示着它的昔日辉煌和荣耀，有的是家具，有的是古董，有的可能只是一件想要找到一位新主人的普通的旧器物。这里表现的是西班牙马德里的跳蚤市场。在西班牙语里跳蚤市场是“El Rastro”，意思是“岁月的痕迹”。在这种跳蚤市场里，所有的商品都是真实的，不像古董店里的赝品。一位文学家说过：“当消失的灵感在折磨你时，就去跳蚤市场吧。在那里你可以找到一切。”

老卡很珍惜这组拍摄于1979年的照片。他曾说过，彩色图片能够帮你挣钱，但它只是你兜里的钱币；而黑白图片，却是你创作灵魂上的食粮。这便是老卡特意向本刊推荐这组照片的理由。

缤纷色彩
——Giorgio Peccolo的摄影艺术

（《读者欣赏》2009年第9期）

当我第一眼接触到这些照片时，第一印象是惊叹于它们的色彩之丰富、之浓郁、之纯洁、之缤纷，让人不得不睁大了眼仔细地欣赏。耳边响起了闻一多的诗句：

“生命是张没有价值的白纸/自从绿给了我发展/红给了我热情/黄教我以忠义/蓝教我以高洁/粉红赐我以希望/灰白赠我以悲哀/再完成这张彩图/黑还要加我以死/从此以后/我便溺爱于我的生命/因为我爱他的色彩”

在题名《花》的作品里，我们看到了这些体现生命的色彩符号：红、黄、蓝、绿、灰、黑。这些近乎原色的色彩律动着，奏响了生命之

花　摄影/Giorgio Peccolo

歌。《绿色》是对生命之歌的另一种诠释，透过碧草看过去，一只无桨的小船静静地躺在湖岸，远处是绿色的群山。作者一定是匍匐在草地上拍摄了这幅照片，他选用了小兔子的视角，因为小动物宁可生活在最静谧的环境里。这样的地方，才是它们的天堂。《石室》依然是一幅静物，与以往不同的是，作者对生命的沧桑极感兴趣。这是古老的城堡吗？从被踩得坑坑洼洼的石头地板推断，这个火塘至少有上千年历史。火塘边的条石、上方的金属钩和建在椭圆形墙上的座位，显示着这里可能是古人议事的地方。嵌有铁栅栏的窗外透出的树阴暗示了城堡并未被废弃，依然延续着它悠长的生命。而强化并集合这一切的正是插在火塘正中水罐里的那一束花。唐菖蒲的热烈伴着雏菊的温柔，用色彩演绎出爱情、生命、岁月、历史等复杂的主题。花下的俄罗斯套娃、薪架，凳上不协调的石膏像和现代人的纸片衣物，似乎又透露出地域和人文的种种信息，让观者细细品味。

别以为作者只擅长静物，瞧，他来到了中国山西，在大街小巷游走，抓拍了一组题为《山西所见》的照片。21号作品表现的是一位山西老者，他背靠老城墙，头戴草帽，身着粉红色球衣。从草帽绳和领口拉链判断，这是一位普通的老百姓。但他眼神中的自信和脸上的皱纹，却给人们留下极深的中国印象。22号作品是山西一城市的街景。哇！这简直就是一块调色板。摄影家将几百米长的街景用超景深抓拍了下来，不分巨细一览无余。我们再次看到作者对色彩的敏感和整合色彩的能力。画面上半部是彩色牌楼柱，远处是上百幅街头广告的铺陈，从透视分析，远处的广告不应有那么浓郁的色彩，但他却做到了。下半部是车水马龙却杂而不乱，依然用色彩编织，如红车红衣女子、蓝黄阳伞、黑车红灯、湖蓝招牌等色彩配比和色彩旋律，一定是作者在长时间的思考和等待中完成的。他在山西的这组作品经常用一点点红色的旧春联点缀陈旧古老的木门，将我们司空见惯的院落民房表现得熠熠生辉。

如果说他来到东方有点猎奇的意味，那么他对威尼斯会有怎样的发现呢？威尼斯位于意大利亚得里亚海威尼斯湾西北岸距岸4千米的浅水滩上，由118个小岛组成，180条水道、378座桥梁将这座水上城市连成一体。这是一座无中生有的城市，早期的开拓者们先在水中的泥土上打下一个挨一个的大木桩，以此为地基，然后铺上木板，接着在木板上用石料砌墙盖起房子。这座面积仅有7.8平方千米的城市，始建于公元452年，8世纪成为亚得里亚海贸易中心，10世纪曾建立城市共和国，中世纪为地中海最繁荣的贸易中心，后因欧洲新航路开通而衰落。1866年归入意大利后逐步演化为旅游城市，人口34.3万的威尼斯，每年要接待300万游客来游览这座梦幻般的水上城市。著名的《威尼斯船歌》唱道：当晚风吹过那彼亚采塔的时候/啊，妮娜你可知道，谁在此等候/虽然你戴上面罩轻纱我也能分辨/你知道我心中爱情如火燃烧/我披上船夫的伪装在此等候/我战栗地告诉你：

“小船已经准备好了。”/啊，来吧！趁乌云还遮掩着明月/快来吧！让我们趁此月夜飞奔他乡！

歌曲里的小船叫贡多拉，属威尼斯独有。《威尼斯21》描述的是贡多拉、桥上的游客、水道边的建筑。《威尼斯18》则显得更加专业，空灵的天幕下，威尼斯泻湖的木桩旁泊着几艘贡多拉，远处地平线是有点遥不可及的圣乔治·马焦雷岛教堂的丽影，正是一张优美的明信片。《威尼斯11》上斑驳的黄墙、阳台上的玫瑰、碧绿的水道，还有大木桩……是驾驭色彩的摄影家眼中的浪漫威尼斯。

我们的目光再一次转回《窗》这幅佳作。破旧的老墙壁，考究的露台，两扇窗，一层的窗幔是洁白的挑花帘，印有希腊少女的图案；二层窗帘半掩，石雕铁栏组成的阳台装饰着白色、紫色的牵牛花，过路的人们会眺望那半掩的窗，想象窗帘后面的魅力主人。

色彩缤纷的世界，色彩缤纷的表现，靠的是摄影家对缤纷色彩的发现和他高尚的人文、历史修养，以及一双唯美的眼。

Jerry Schatzberg的化境

（《读者欣赏》2010年第1期）

上世纪六七十年代，几乎可以算做是摄影的黄金时代。在那一时期，涌现了寇德卡、布列松、弗兰克、卡帕、诺曼·帕金森、赫尔穆特·牛顿、汤姆·帕伦博等至今依然闪耀在我们生活中的摄影大师。因为他们，影像作为一种独特的艺术，正式全面地走进了人们的生活。Jerry Schatzberg正好赶上了那个时代。1927年，他出生于美国纽约，1954年开始在迈阿密大学担任艺术家比尔·赫理本的助手。两年之后，他便离开那里，做了一名自由摄影师，为《VOGUE》《生活》等著名杂志拍摄作品。而几年之后，他便以独特的、充满电影风格的摄影作品闪耀在摄影界。

1962年1月26日，作为一名卓有成就的时尚摄影师，他出席了伊夫·圣·罗兰在巴黎的首个独立时尚发布会。而他手中的相机，则真实地记录了那个激动人心的时尚现场，以及幕后无意间展现出的种种令人惊艳的场景：穿戴整齐的模特，正在低头整理她的鞋子准备上台，仅用那只大大的白色草帽，就留给Jerry Schatzberg的镜头万种风情；势均力敌的黑白两色，衬托出正在整理帽子的模特优雅高贵的侧影……

一个摄影师，如果他的作品能被人轻易地从千百幅作品中辨认出来，那他便成功了。Jerry Schatzberg就有这种能耐。欣赏他的摄影作品，总会有一种出乎意料的惊喜，他镜头前那种特殊的电影感觉，让人总想一遍一遍地仔细揣摩。我们几乎不能定义他常用的摄影手法，在他那里，照相机的功能如同被意念控制，可以随心所欲。这就是大师与普通摄影者的区别吧。

他的作品风格在某些方面接近科特兹和布列松，和欧文·佩恩、阿威顿也比较接近。对于他来说，摄影就是超越技术，并放弃那些完美的剪裁和精确的对焦。在拍摄中，Jerry Schatzberg也几乎不给他的拍摄对象什么建议，而是由他们自己寻找感觉。而他自己则是寻找自己最有感觉的视角，并把它们生动地记录下来。林路评论说，这对于摄影家和被摄对象本身就是一次视觉的革命，所提炼出的是升华的情感和巨大的张力。

摄影/Jerry Schatzberg

进入20世纪70年代，Jerry Schatzberg进军电影领域，做过导演、制作，当然这些商业电影的内容大多与时装模特有关。1970年，他执导《倾倒众生一美人》，1971年拍了《毒海鸳鸯》，1973年执导的《稻草人》更是获得了戛纳电影节金棕榈奖。之后，他又拍摄了《甜蜜的复仇》《花街传奇》《不义之财》等10部电影，时至今日，他依然在摄影和导演之间游走。

正是这种经历，使他的电影以摄影见长；而他的摄影则汲取了许多电影元素和电影手法。他的摄影是流动的，特别是那些时装模特的组照，千姿百态，意犹未尽，犹如欣赏T台上的真实表演。他的摄影是不可预知、近乎神秘的，如那幅公寓照片中的女佣背影，有力地暗示了浮华背后的另一个世界。他的摄影随意而自然，没有摆拍的痕迹。于是欣赏他的这类作品常常给人一种偷窥的感觉。他总是把解释权留给读者，让欣赏者从混沌走向顿悟，像是阴雨天突逢阳光，喜悦油然而至。

Jerry Schatzberg说："我的兴趣不在服装，而在人们的举止行为。我的兴趣在于人们如何解决他们面临的难题。""摄影家所传递的，是模特的双重生存空间：他们的弱点和陌生之处，他们在白天所呈现的高雅和在夜晚所展现的自由……在20世纪60年代的巴黎，也许一切皆有可能。然而，在将近半个世纪后的今天，中国时尚摄影界是否达到了同样的高度，或者真正意识到这样一种表现力量的可能性，我不得而知。"林路这样说。

英雄八年后

（《读者欣赏》2004年第9期）

知道步雨青是七年以前的事。1997年，我在《读者》编辑部，偶然读到一篇读者荐稿，说的是云南一位三十多岁的女画家，计划花四年时间，从入海口开始，逆流向源，徒步走完长江。传媒职业的敏感和地理专业的兴趣，促使我给步雨青写了一封信，请她在完成探险后路经兰州时，一定到杂志社来做客。

1999年12月17日，步雨青如约而来。他们一行三人，在十天前向唐古拉山各拉丹东峰冲刺完成探险后，开一辆历经风雨的破旧北京吉普来到兰州。三个饱经风霜的人是：步雨青、她的丈夫贾千里、青年志愿者孟一凡。

在我家的书房里，步雨青、老贾他们花一天时间讲述了四年来走长江的故事。形成了发表于2000年第9、10、11期《读者》杂志上的那篇《我走长江》的文章。

他们很快返回云南去了。此后的五年，过年过节，总有电话问候。知道一些很模糊的事。大体是：她有了画室办了展览，在虎跳峡打长卷稿；她的高原病加重，在北海疗养；春节又在昆明过了；女儿丹丹已考入初中等等。步雨青每年都邀请我到虎跳峡去玩，并一再声明，不去虎跳峡，就不了解长江。

今年5月，终于有了一次难得的机会去云南。到昆明的前一天，我给步雨青打电话，告诉她我要来的消息。

次日下午，步雨青、贾千里开车迎接，先让我们住进了石林。步雨青的朋友、石林县旅游局李正平局长盛情接待，亲自当导游，带领我们游览了路南石林和乃古石林。独步天下的喀斯特景观和李局长井井有条的管理给我留下了对彩云之南的第一个深刻印象。我们在昆明只参观了世博园。世博园的彭董事长是《读者》的老读者，读过《我走长江》，席间第一次见到步雨青，方知这位传奇女子原来是一位极朴素的人。

第四天，步雨青带领我们前往她远在虎跳峡的画室。去虎跳峡的路上，才知道我们的行程已被精心安排。出昆明西行，颠簸百公里，进入下关，在横断山系三江并流的地方，经过一个叫石鼓的小

步雨青在白大板

镇，金沙江在这里拐了一个急弯向玉龙雪山方向的虎跳峡奔去。一位老先生讲解石鼓的历史，倒背如流，他自我介绍说：我是个名人，上过中央电视台。我们指指步雨青：她也是你们云南名人。“走长江的那位？”老先生一脸茫然。过虎跳峡风景区山门，再沿江前行几公里，金沙江左岸一片柳林下，有一标志牌，上写长江漂流纪念馆、步雨青画室。画室在江岸高处。沿着石阶上行50米，看见一幢正方形的白色水泥小楼，便是步雨青画室。画室有二层，其实是一个展览室，有秩序地陈列着步雨青走长江所拍的大幅组照。我是第一次看到这些照片，像所有画家的拍照，一流专业水准。尤其是那些接片，几十张接过去，气势磅礴。有一组巫峡的接片，呈S形，有点像航拍。步雨青说，为拍这组照片，她和老贾在导游带领下，整整爬了一天山，才找到最佳的拍摄点。透过这些震撼人心的照片，可以想象他们夫妻四年走长江的艰辛。展室的留言已经有几大本了，一位青年写道：“我不一定去走长江，但我一定要学习步雨青的精神，把自己的工作做好！”有一位纳西族青年只写了三个字：真好看。

画室是1998年即步雨青走长江的第三年，由云南省政府批准立项修建的。在画室顶层，可以鸟瞰金沙江。面江的山墙上有两只香炉，小的一只香灰常满，但没有佛像。步雨青说，这是祭长江用的。他俩只要在这边，每天都要祭江。另一只大香炉还未启用。步雨青说，这是石林李局长送的。用产于石林的石芽雕成，通体白色，扣之似钟。三天后的五月吉日，李局长从石林专程赶来举行启用仪式。

早晨8时，我们一行八人同去金沙江边取来洁白的江沙，置入香炉，8时30分，祭江开始。鞭炮响过，我们一一点香，默默拜江。仪式简单而郑重。远处的太阳突然放晴，高耸的哈巴雪峰几天来第一次向我们露出真容。祭江后的第二天，下着小雨，步雨青开着她的那辆伴她走过长江源的破旧北京吉普，带我们去参观虎跳峡。汽车驶进世界上落差最大的峡口，便是上虎跳。沿陡峻的百米石阶下行江边，震耳的水声里见到有一巨石横卧江心，江水咆哮而来，穿过三十来米宽的峡口，奔腾而下，蔚为壮观。

中虎跳两岸巨岩如削，高耸三千米，在一名叫白大板的地方，步雨青指着一块几百米长的直立石板说，这里就是使她萌生走长江念头的地方。当年这里没有公路，她在这块状似冰面的岩面爬过去时，心中暗暗许愿，如果能活着爬过大板，将一定走完长江。她走过去了，她认为长江是神灵，是长江女神保佑她完成了壮举，这就是她天天祭江的理由。在我们旁人看来，从虎跳峡看到的壮美风光，足以使一位画家产生遍览长江的念头。可是能真正完成走长江的女画家，恐怕只有此人！

以下的几天，步雨青介绍了她这几年的故事。1997年，步雨青走完长江中游后回到云南，当时正是昆明世博会项目建设，中甸县（现名香格里拉县）申请了步雨青画室的项目。步雨青亲自参与勘点设计。在虎跳峡镇附近的名叫一碗水神泉的山坡上征得一小片山地，建起了画室。步雨青、老贾辞去原单位的工作进驻画室。画室分为展览室小白楼、三间小平房生活区和江边公路水泵房三部分。画室作为虎跳峡旅游景点之一，由当地政府管理，编制三人，步雨青、贾千里和另外一名当地女青年小邱。每月有4千元经费，仅能维持画室用度和运行。他们在荒山坡硬是用两三双手，铺起了一条上百米的石板路。他们在山坡的岩石上挖出一个个一米深的坑，陆续从几十公里外运来熟土，移栽了昆明的垂柳、丽江的云杉、大理的火把树、北海的棕榈等几百棵花树。水源是神泉的滴滴泉水。他们还养了两头小猪，几只鸡鸭，以补不足。画室的守卫者是一条名叫黑帅的德国猎犬，高大威武。如今，这里绿树成荫，成了远近闻名的歇脚好去处。旅游者总是喜欢在公路旁的那片柳林里乘凉，然后参观画室的展览，体验英雄的心路。

2000年，步雨青的高原病发作，曾经大力支持过她完成壮举的一位领导听到这个消息，批准她去广西北海疗养了一年多时间。病情好转后，步雨青匆匆回到云南，在昆明和虎跳峡之间来回奔波。在朋友们的支持帮助下，步雨青整理出所拍的照片，布置了走长江展览。云南人民出版社花了三年时间帮她出版了走长江画册，最近已经出版面世。她的走长江日记已有初稿，正在修改二稿，前些年有几家出版社来约稿，现在出书恐怕还要花一点气力。步雨青的另一个心愿是

步雨青夫妇在走长江路上

祭江

画成一幅万里长江百米长卷，留在画室。如今的她主要是构思创作画稿。步雨青说，这可能是她这一生最高的追求和交给世人的最后一个答卷了吧。

离开云南前，我到昆明步雨青父母家拜访。步雨青原名刘薇，是刘老先生的大女儿。刘老先生是南下干部，今年八十有四，齿皓步健精神很好。问起步雨青这八年在外奔波，二老说，孩子的事，孩子自己决定。路是她自己走的，我们相信她。话是这么轻描淡写，但我能想象出，在步雨青老贾两人在大自然的生死考验关口，老人肯定夜不能寐。由于步雨青常年在外，他们唯一的女儿丹丹一直住在外公家中。八年下来，小姑娘已长成1米7的中学生，一副运动员的身板，可以想见当年步雨青的风采。让步雨青内心愧疚的是，这多少年在孩子的教育上投入的心血太少太少了……

离开虎跳峡的前一天，有两位县上的干部来到画室。他们走后，步雨青忧心忡忡地告诉我，上头要在虎跳峡修水库，画室将要被淹没掉，八年的辛苦怕要白费了。过一会儿，她又笑着说，今年3月云南省政府还把步雨青画室列为第4批省级爱国主义教育基地呢。我们安慰她要往好处想，怎么能让世界第一的大峡谷就这么消失了呢？地球人都不会答应吧。

如今是眼球时代，传媒将一个个英雄、明星推上舞台，然后又像流星划过天空一样将其遗忘。步雨青曾是英雄，她的行为激励了多少中国人的爱国主义情怀。她是用生命换来的真英雄，如今却仍在为生计发愁。与那些哪怕假唱一次就能拿到几十万元出场费的“星”相比，反差实在太大。在物欲横流的年代里，也只能是一声叹息。作为英雄的崇拜者，我只有写这篇文字的本事，把步雨青今日的景况告诉世人。

到卢克索看神庙去

（《读者欣赏》2005年第1期）

去埃及原本是一个夙愿。2004年10月，夙愿变成现实，我有幸去了埃及。绝大多数中国人可能从孩提时代就知道埃及，那里有金字塔，是与中国一样古老的国家。到埃及一看，你的体验会是什么呢？当你真的站在高146.5米，底边长230米，由230万块平均重约2.5吨的巨大石块砌成的金字塔脚下时，你会产生一丝奇怪的感受——这一切都是真的吗？是的，这一切都是真的，由古代埃及人创造的这些奇迹，至今还有许多不解之谜。

知道金字塔的人多，知道神庙的人恐怕不是很多，知道卢克索的人就更少了。我们要到卢克索，看神庙去。

卢克索神庙的浮雕　摄影/胡亚权

从开罗出发，乘上去阿斯旺方向的火车，夜行8小时700公里，沿尼罗河向南溯流而上，清晨便到了卢克索。卢克索是一个十来万人口的小城，与它近旁的另一个叫卡纳克的村子连成一片，建立在古埃及都城底比斯南半部的废墟之上。

我们知道，埃及的文明史可以上溯到公元前4000年前，距今有6000年的历史！有史记载的古埃及叫古代王朝时期。古代王朝时期是指约公元前2925年一位名叫美尼斯的国王统一了上下埃及建立了第一王国起，经历了古王国、中王国和新王国三个时期，共31个朝代，止于公元前332年埃及被罗马皇帝亚历山大征服。

在这近3000年的时间里，统治埃及的每位法老一定要做的一件同样重要的事，就是为自己死后修造陵墓，以求更辉煌的来世。古王国时期的法老们喜欢金字塔，从第三王朝（公元前2650年）开始，在开罗附近的吉萨高原上，沿尼罗河修造过大小200多座金字塔。今天留下来的最著名的金字塔尚有4座，就是公元前2575年第四王朝法老胡夫所建胡夫金字塔、胡夫的儿子哈夫拉所建的斯芬克斯金字塔和哈夫拉的儿子孟考拉所建的小金字塔，以及胡夫的老子所建的阶梯形金字塔了。

中王国、新王国的法老们看着祖先们的金字塔纷纷倒塌，木乃伊被盗，便选择了在山谷的岩石中秘密造墓。为了祭祀的需要，另外建起神庙。这就是神庙的由来。

卢克索神庙一角　摄影/胡亚权

卢克索所在的地方，在中王国、新王国时期是赫赫有名的埃及都城底比斯。这座建于上尼罗河两岸的城市，在《荷马史诗》中被称为“百门之都”，因为它的城门就足足有100个。

公元前2000年左右，底比斯的一位王子登上王位，成为阿蒙霍特普三世。“阿蒙霍特普”有“使阿蒙神高兴的人”之意。于是这位法老从2000多种当时的埃及神祇中精选出了阿蒙-莱神，并将他推上了主神之位。“阿蒙”是由空气和光组成的神，“莱”是太阳神，这位阿蒙-莱神，我们权且理解成太阳、月亮、空气组成的自然神可能比较接近吧。

神庙以底比斯为中心，大兴土木近1000年，在上埃及形成了神庙群体，布满尼罗河两岸。

底比斯城在公元前7世纪遭亚述人洗劫，又在公元前88年在一次起义后，被罗马马其顿皇帝和埃及皇帝托勒密九世彻底摧毁，留下一片废墟。

我们在卢克索参观了三处神庙废墟遗址。一处是东岸的巴哈瑞神庙。它以其革命性的建筑理念成为古埃及建筑艺术的独一无二的典型，是哈特赫普苏特王后的首相兼情人森穆特的 作品。另外两处是西岸的卡纳克神庙和卢克索神庙。

卡纳克神庙由50多位法老陆续修造，前后经历1300多年，由阿蒙-莱神庙、穆特神庙、门图神庙三部分组合而成。

通过一条两旁有羊首狮身像组成的斯芬克斯“公羊之路”，便进入了巨石高墙的阿蒙-莱神庙。进入阿蒙-莱神庙，你仿佛走进了一座石柱的森林。在5000平方米的柱厅，134根巨型圆石柱密密麻麻林立在游人旁，使人喘不过气来。6个人手拉手才可环抱的石柱高达23米，据说柱顶可站百人。游客在柱旁显得非常渺小。仰头向上看，莲花形的柱顶托起的是几十吨重的石梁。想象3200年前，这座无比巨大的庄严神殿，僧侣们在这里举行神秘的仪式，祭奠阿蒙-莱神，让神保佑法老和他的臣民们在风调雨顺中安居乐业。在这里，你还可以看到伟大的拉美西斯二世的立像，在他的两腿之间是他的女儿，或是他众多妻子之一的雕像。你还可以看到有两座方尖碑，其中一座风化严重，另一座却如新造。如新造的是埃及历史上唯一的女法老所造，她死后，继位的继子不喜欢她，便在方尖碑四周砌上围墙，不希望让人看见它。不料此举反而成全了此碑，让3000年后的今人可以细睹芳容。

卢克索神庙在卡纳克神庙以南。两座神庙群由1公里长的羊道连接。这座神庙建于公元前14世纪，主神也是阿蒙-莱神。神庙入口处有两座拉美西斯坐像，前面左侧有歪歪扭扭的方尖碑。右侧的方尖碑被法国人弄到巴黎，立在协和广场。我曾在协和广场看到过那座巨大而庄严的方尖碑，可是它与留下的这一座似乎怎么也配不起对来。什么原因？总觉得在巨大的神庙围墙和雕像之旁，方尖碑被衬托得不显其高大，只是神庙的一部分装饰而已。这座神庙里的伞状花序柱头和纸莎草束形立柱群给人留下很深印象。奇怪的是，里面还有一座罗马时期修造的小基督堂和一座后来所建的清真寺。让游客从几千年前的古埃及再回到罗马帝国、哈里发王朝、奥斯曼帝国，法国人、英国人，直到1952年后的纳赛尔领导下独立自主的阿拉伯埃及共和国。要知道，纳赛尔是3000年古埃及史后再经历了2000多年外族统治以来第一位重新身为埃及当地人担任的国家元首！请细琢最后这句话，你就可以知道为什么埃及人对卢克索的神庙那么的自豪和津津乐道了。

情人游乐场后台所见，巴黎　摄影/［法］查尔邦尼·让·菲利普

品味经典十七篇

情人游乐场后台所见，巴黎

（《读者欣赏》2006年第3期）

查尔邦尼·让·菲利普是上世纪初法国的纪实摄影家。这幅作品是他的代表作。

细品这幅作品，至少有四点值得玩味：一是常见中有罕见。几个朋友随便站在一起聊天是常见的，但几位演艺人员站在后台聊天却是难得一见，更难得的是，这是一个跳艳舞的游乐场，那就更罕见了。二是奇异中的自然。三人中，右面的那位男子可能是后场人员，另两位显然是舞者。左边的舞娘裸露着上身，这是巴黎无上装表演的装扮。正是她，使本来自然的聊天平添了奇异之感，诱使观众想一探究竟。三是普通中的典型。两位舞者所依靠的背景是舞台上的景片，道出了此地是演艺场所。更妙手天成的是，那匹腾跃的骏马和性感的舞娘，相互衬托出火山爆发般的热情和欲望，使人想入非非。四是虚幻中的本质。摄影家在冷静地展现事物本来面目的过程中，渐渐剥去了世界表面的虚伪，还之以本质：这里其实只是三位朋友或同事在幕间休息时进行简单交流而已。至于交流何事，没人能知道。真实无妄，正是本作品的伟大之处。我们欣赏作品的过程，更多的是通过作者的经验、体会和目光，像作者一样，平静地理解人生。

苏茜吸烟

（《读者欣赏》2006年第5期）

这幅照片是著名时装摄影师尼克·奈特为时装设计师山本与二制作，摄于1986年。20年后的今天欣赏它，仍有许多妙境，值得我们追寻。用酷姿创立场景，是第一层妙境。奇特的场景是时装模特苏茜·比克用一种别扭的姿势创立的。是时装照吗？好像不是，因为没有显示服装的意图；是某一种与吸烟有关的寓意吗？好像也不是。从她头顶袅袅上升的青烟判断，苏茜也许并没有吸烟，而是在创建一种戏剧化的场景，让人品出一种叫“劲道”的味儿来。用色光营造气氛，是第二层妙境。摄影师用冷光打在摄影棚的无地脚墙纸上，这种蓝绿调子的色光，与模特的外套统一起来，形成一种神秘而冷峻

苏茜吸烟　摄影/[英]尼克·奈特

的调子。同时，又用测逆光区分出空间，突出了烟雾和模特的忧郁表情。用构图强调主体，是第三层妙境。我们可以推断，这幅照片的剪裁颇花了一番推敲。作者用对角线的构图将人物压缩在左下角，与右上角的空灵形成了一实一虚的对比，一重一轻的较量，加深了图片的庄重和典雅之感。构图的简洁有力突显出了摄影师的造型功力和营造某种气氛的技巧。

乡村医生

（《读者欣赏》2006年第6期）

1948年，一位名叫史密斯的摄影师受《生活》杂志派遣，到科勒拉多的克里姆林去拍摄一组乡村医生的组照。这次拍照使史密斯一举成名。这幅照片便是组照之一。作品表现的是乡村医生欧内斯特·塞里安尼刚做完一个手术，正在休息。从环境看，这里应当是厨房，从屋顶直射下来的灯光，刻画了还穿着白大褂的医生的脸和两只手。他的脸是疲惫的，左手的烟蒂已尽，而右手托着的咖啡却几乎未动，说明了刚刚进行的手术是多么紧张。至此，使人们对这位年轻而平凡的乡村医生油然产生一种尊敬感。人物凝练得如同雕像；背景明快得如读短诗。摄影作品能达到此等境界者，可谓高手！此时此刻，

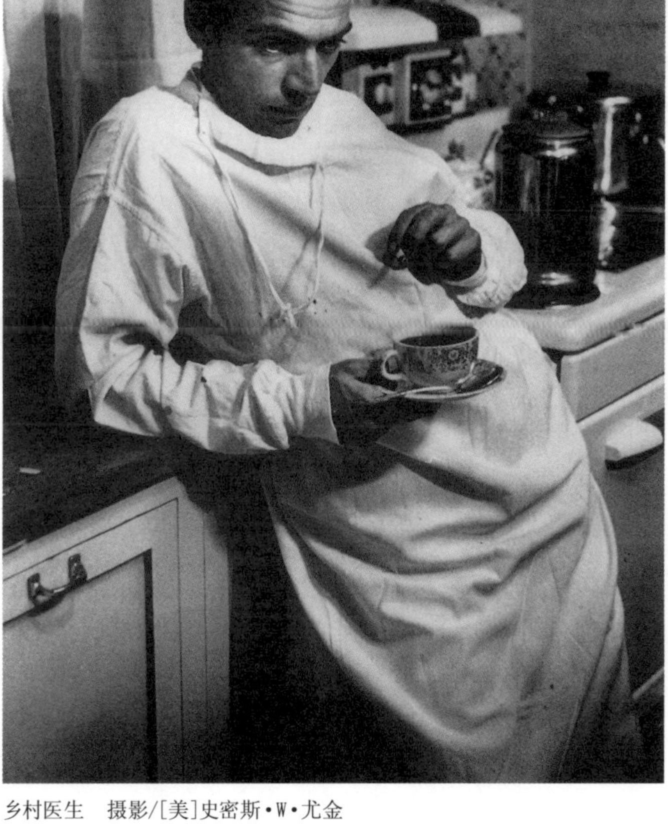

乡村医生　摄影/[美]史密斯·W·尤金

使我们想起法国摄影大师布列松“决定性瞬间”的名言。但“决定性瞬间”并不是谁都可以抓取得到的。首先，你要有记者般的职业敏感，知道何时，何地，何事是最典型的；其次，要有画家的眼光，能迅速找到最佳的构图和用光。最后，还得有史学家的博识，知道什么样的环境和装饰人物才可以被永恒地载入史册。用本作品作者史密斯的话说，那就是，如果使用得当，摄影可以成为“改良和理解的伟大力量”。史密斯还认为，摄影报道不怎么依赖于事先的安排，更多地倒是依赖一些可以理解为连续过程截取出的片断的形象。

毕加索

（《读者欣赏》2006年11期）

这是摄于上世纪50年代，旅居法国的西班牙画家毕加索的一张著名照片。这幅照片是在法国南部瓦劳里毕加索的陶艺作坊里拍摄的，毕氏身后搁板上的陶瓷盘，就是他的手绘作品。

初看这幅照片，很觉神秘。毕加索在光线昏暗的陶艺作坊里，手持小电筒，在虚空中一口气画出了一个人马兽。人马兽是西方天文学黄道十二宫上的一个星座人马座的标志，人首马身，头戴一牛角冠。

问题是：摄影家是用什么方法拍出这张令人难忘的照片的？有评论家认为，这是用频闪技术所拍，理由是作者迈利是摄影学新技术专家，毕业于美国麻省理工学院，工程师。据称早在1937年他就从

毕加索　摄影/[美]迈利·格莱

哈里德·埃杰顿的授课中得知，有一种新型闪光仪能产生1/110000秒的持续闪光。迈利后来运用此技术拍了不少体育和舞蹈照片。

但笔者认为，这幅照片恰恰没有使用频闪技术。因为频闪摄影会将运动着的物体连续记录在胶片上，并形成一种叠加的动感画面。毕氏画人马兽时会产生一系列剧烈的动作，而本照片上却只有毕氏静止的形象。因此我们推测，拍摄者只是简单地运用了慢速快门B门（T门）加一次闪光的方法。在十分昏暗的陶艺作坊中，先打开慢速快门，让毕氏用电筒挥笔作画，等近乎画完后，再触动预先设在门口的闪光灯，使人物及背景曝光，即成此作。请注意画面左方的光源，不是平行的日光，而是放射状的点光源，那正是闪光灯所为之证据。

温斯顿·丘吉尔

（《读者欣赏》2007年第1期）

尤素夫·卡什是世界著名的人像摄影家。卡什1903年12月出生于土耳其马丁镇，21岁随叔父纳·卡什来到加拿大。上学期间，叔父送给他一架原始的方匣照相机。卡什用这架相机拍了一张魁北克风光，在学校举办的比赛中获了奖，并得到50元奖金。从此卡什喜欢上了摄影。叔父赏识这位侄子的才华，遂将他送到波士顿，跟随人像摄影家卡罗学艺。1932年，卡什回到加拿大，幸运地就任加拿大政府官方摄影师。

1941年底，“珍珠港事件”爆发不久，英国首相丘吉尔赴美，与美国总统罗斯福会面，然后一起去了加拿大渥太华，参加了加政府总

温斯顿·丘吉尔　摄影/[加]尤素夫·卡什

理的欢迎会，并在众议院发表演说。演说刚结束，恭候在大厅外的卡什向首相提出为他拍照的请求。感到突兀的丘吉尔不耐烦地答应了，但限两分钟拍完。卡什架好相机、布光完毕后，在取景器中发现首相叼在口中的那支雪茄很是别扭，于是递上一只烟灰缸，暗示首相先生暂时把雪茄搁一搁。不料高傲的首相并不合作。卡什急中生智，径直走上前去，恭敬地说了声“对不起，阁下”，冷不丁将雪茄夺下。猝不及防的丘吉尔有些不快，但身为外交家的他很快镇静下来，睁大双眼，左手叉腰，显出一副不屈的神态。在这千载难逢的一瞬，卡什按下了快门。丘吉尔临别时，握着卡什的手，微笑着说道：“一头咆哮的狮子被你制服了。”

这张著名的照片诞生了，并成为最能传达“二战”时期紧要关头英国首相丘吉尔精神风貌的名作。卡什也因此一举成名，并为世界许多名人拍下了历史性肖像。卡什的名言是：“在世人眼里，伟大人物脸上似乎总是多了一层面罩。我的工作是揭去这层面罩，还其本来面目。”

母亲的像

（《读者欣赏》2007年第3期）

为父母亲造像，几乎是每个人的梦想之一。可是，理想的却不多见。为什么？一般有这么几种原因：可能是相机质量不好、洗印不佳，或其他器材的原因；也可能是时机或年龄段没有抓好，失去了机会；但更可能的却是，摄影者没有抓住最佳神态，或者说典型瞬间。但当我们看到罗德琴科的这幅题为《母亲的像》的作品时，却会有许多联想和感慨。一位年近花甲、满面皱纹的老妇人，一块图案简单的头巾，一只饱经沧桑的手，还有一副拿在手中的老花镜，仅此而已。请看摄影家是如何将这些元素巧妙地组合在一起的，头巾、脸、手和眼镜4个元素中，最难摆置的是眼镜，但处理得最巧妙的也是眼镜。设

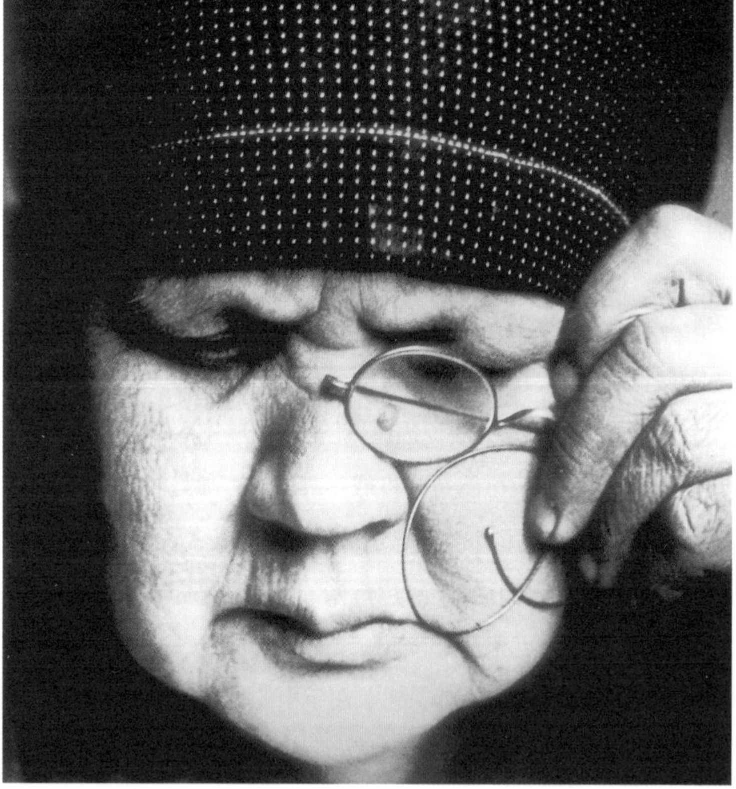

母亲的像　摄影/［俄］亚历山大•罗德琴科

想，这副眼镜若是正常地戴在脸上，会是什么样？当然是普通的母亲形象。可是摄影家并没有那样做，他让母亲用左手拿起眼镜，将右边的镜片放在左眼上看，似乎在看一张画儿什么的。正是这眼镜起了至关重要的作用，它使读者从眼镜联想到老太太的眼力，再联想到老母亲的一生辛劳以及天下所有母亲的慈爱！这就是这幅佳作的精妙之处。有一句话叫“细节决定成败”，在此可以得到验证。作者利用眼镜、头巾、手、脸的组合成功地表达了对母亲的爱这一主题。

佳作的产生，是和作者起初是画家和设计师的职业素养以及他长期从事新闻工作的经历有关。前者使他有出色的构图剪裁能力，后者使他有敏锐的观察和捕捉细节的能力。罗德琴科以动态风格出名，此作品是一证也。

岁月的力量

（《读者欣赏》2007年第8期）

这是两幅有关台阶的古典照片。我们知道，古典艺术和现代艺术之分野在于，前者表现客观，后者表现主观。不言而喻，这两幅作品都是客观表现台阶这个景物的。右图《台阶之海》，拍摄了威尔斯大教堂内部通往教士会堂的一段台阶，还有侧门及石柱。教堂是西方极为重要的地方，在欧美，几乎每一个村落都有教堂，大城市更不例外。教堂往往是当地最高大、最庄严、最豪华的建筑。人们在那里聚会，或礼拜、或参观、或婚丧嫁娶、或求得宁静……这张照片如实地反映了教堂的这些功能：画面正中的正方形巨石，象征坚信的灵魂；左侧洁白的拱门象征神引导人们走向光明，而引领之路就是画面前

台阶之海　摄影/H.弗雷德里克·埃文斯

三十九级台阶　摄影/F.亚·凯尔斯

方的石台阶。仔细看就会发现，石阶的边缘都有磨损，那正是岁月留下的印痕，沉重的分量刻入建筑的经纬之中，具象成为海浪。此刻，我们也许联想到了川江边的石码头、丽江的条石街、故宫的砖地面，以及那遥远的岁月。埃文斯是“直接摄影”的早期倡导者，他早先是一位书商，1898年退休后从事摄影。他的口号是“寻已成之意，重已成之形”，重要的是发现。这幅照片就是对这一理念的最佳诠释。

左图《三十九级台阶》是更晚一些的摄影探索者凯尔斯的作品。其时，溴盐底片已工业化，而凯尔斯使用一种古老的溴油法印制工艺，1928年在美国史密森学会展出了50幅这样的照片，此为其中一幅。由于溴油印像法具有影调宽、影像质地细腻的特点，使这一作品产生了一种梦幻般的所谓“弗洛伊德式”的场景感受。首先，《三十九级台阶》的名称是征引了英国作家约翰·巴肯1915年一本同名小说的名字，后来被改编为电影。名称让读者一开始就产生了神秘感，使你不由得想去数一数那些台阶到底是多少级？其实照片中剪裁的并没有那么多级，但我们却好像感受到了真有那么多。作者是如何做到的呢？请看画面中的白衣女子，她拖曳的长裙将观者的视线引向下边的台阶；而后再转向她的面庞，你会发现她的目光是转移开的，目的是让读者不受阻碍地亲近画面；女子伸出手臂，似乎要用触觉来帮你证实你之所见。最终的印象：石质的城堡是建筑的诗，又是流逝着的岁月之诗。这就是岁月的力量！

当照片成为一种符号

（《读者欣赏》2007年第10期）

在现代生活中，没有哪个人能脱离符号而生存。走在街上，交通灯、餐厅、商店、医院、洗手间的各种符号标志比比皆是，这就是符号在现代社会中的意义。符号学上世纪60年代正式形成，半个世纪里发展飞速，从文字、标志、商标等扩展到电影、美术、音乐、摄影等领域，内涵和外延均大大拓展。让我们欣赏两幅照片吧。

右图《基思·哈林，纽约市》是美国女摄影家安妮·莱博维茨专门为画家基思·哈林拍摄的艺术照。初看，这不就是一幅涂鸦吗？仔细看，中立一人，人物与背景融为一体，浑然天成。更令人惊异的，被拍摄者并不介意把自己的隐私暴露给别人，有一点惊世骇俗甚至愤

基思·哈林，纽约市　摄影/［美］安妮·莱博维茨

金鱼缸 摄影/［德］赫伯特·里斯特

世嫉俗的意思。那么，此画家何许人也？原来，他就是大名鼎鼎的现代涂鸦之父、美国画家基思·哈林。基思·哈林，1958年生于美国宾夕法尼亚州的库茨镇，1978年在纽约艺术学校学习，1984年搬到街头、地铁，开始在墙壁上涂鸦，1990年死于艾滋病，只活了32岁。他短短的一生创作了5000多幅作品，其作品生前已得到世界公认。哈林的作品充满了发光的儿童、漂浮的十字、狂吠的恶犬、充满欲望的性器以及图腾、金钱、吸毒、心脏这些现代社会的涂鸦符号，向全世界展示了与现代文明伴生的种种灾难和罪恶，召唤善良的人们投身社会事业，救赎人类自身。因此，哈林成为20世纪80年代最为神奇、最有魅力的艺术家之一。知道了这些背景，再审视这幅照片，你会有全然不同的视觉感受了吧？安妮长期为一家叫《名利场》的杂志拍摄名人。她创造了将人物的形象性格与其人的事业融为一体的摄影风格，对后来的人像摄影产生了影响。

左图《金鱼缸》是德国摄影家赫伯特·里斯特的名作，摄于上世纪30年代。当时德国纳粹阴云密布，作者作为犹太人，被迫逃到伦敦。我们从这幅照片里可以品其真味：傍晚，在希腊的海岸边，太阳正在没入桑托林岛的远方。宾馆阳台的石栏上，一个孤零零的小鱼缸里，一条孤零零的小金鱼在懒洋洋地游动。作者很好地表现了人类的弱势群体在孤立无助环境下的脆弱、孤独和忧伤，有一种象征主义味道，也正是流行于当时欧洲的新浪漫主义的风格体现。

然而，假定这是在今天拍摄的照片，你也会做如是理解吗？恐怕大多数人不会。或许会解读为与环境或与环境保护有关的内容吧；抑或，也有人会理解为远离喧嚣、追求安逸之类吧。当金鱼缸作为一种符号时，与之相伴的符号意义，也会因时代背景的改变而发生根本性的改变！这便是欣赏这两幅作品的同时我们要思考的。

决定性的瞬间

（《读者欣赏》2008年第3期）

法国摄影大师布列松有一个著名的观念，那就是“决定性瞬间”。他认为，在摄影中按下快门的一瞬间才是起决定作用的，关乎一幅作品的成败和好坏。而这稍纵即逝的瞬间并非人人都能抓得住，光是训练有素的摄影者远远不够，还应该有良好的抓获本质的能力、灵感、机遇和足够的耐心。让我们通过分析两幅作品来理解和体会这一思想。

第一幅题为《欧洲某地》的作品大家可能很面熟，这正是亨利·卡笛尔·布列松的名作。初看，画面很平常，欧洲，某小车站外的空地或者广场，那里不知为什么积满了水，由于缺乏管理，行人依靠

欧洲某地　摄影/亨利·卡笛尔·布列松

随随便便放倒的木梯跳过积水。这不，这位先生跨开步子“噌”地跳了过去……就在这一瞬间，摄影师按下了快门。那虚化的人影加强了动感，并与栅栏内瞧他的男子形成了对比和呼应。再看那水中的倒影，很好地平衡了构图，又产生了另一番幽默。摄影家剪裁画面时故意裁去右边很多，给人以不确定性并造成神秘感。欣赏似乎到此为止了？答案是，远不。请再往背景的栅栏左边细瞧，嚯！原来是一幅演出招贴画，上面是一位跳舞的女子。她的舞姿与跳过水坑的男子正好相似并呈镜像对称，相映成趣。在积水中的三个倒影，更使这幅照片充满了活力并平添了新的情趣。这就是布列松纪实摄影的典型风格：能在平凡中不断发现奇趣，因为他有一双观察力非凡的眼睛。

下页的《特让尼市场》则比较好理解。有欣赏上一幅照片的经验，大多数读者会一下子发现，在集市上，帐篷边粗糙的招贴画上的一男一女，正好与招贴墙后走过的一男一女相对应。巧的是那两位真实的人和画上的形象无论年龄、发型，还是神态，都越看越相似，使人产生一种思考来回换位的错觉：究竟是人像画，还是画像人呢？人们在轻松的思索中愉快地享受了生活的乐趣。与上一幅照片相比，本作品虽功力稍逊，但颇有异曲同工之妙。

当然，布列松是纪实摄影大师，他的理论是针对新闻事件和生活记录一类的摄影而言的。因为在现实生活中，绝大多数场景是不能再现的。在纪实摄影中强调抓取典型瞬间的本领，要求摄影者勤

特让尼市场　摄影/伊齐斯

于思考、有敏锐的观察力，以及丰厚的生活积累加上垂钓者的耐心。机不可失，时不再来，要想不后悔，唯一的办法就是勤奋地按动你的快门，记录下每一个有意思的瞬间。

朦胧之美

（《读者欣赏》2008年第6期）

我们在读一幅照片时，往往以清晰与否论成败，高清晰度一直是相机业界追逐的目标；另一方面，世人对清晰度也充满推崇和向往，于是镜头分辨率、胶片粒子精细度、照片最大扩放尺寸，还有今天的数码相机像素高低，也自然地成为一种衡量标准。但清晰与模糊是相对的，在摄影艺术中，模糊同样大有佳作出现并流传。

先看右页《白人修士》，是西班牙摄影家埃卡古的作品，摄于20世纪初。埃卡古原是学军事工程的，1878年他得到第一部相机后就迷上了摄影。1906年，他开始实验色素洗印法，并在1911至1930年间对西班牙的风土人情进行了广泛的文献摄影考察，出版过4部主要著

白人修士
摄影/［西班牙］
乔斯·奥提兹·埃卡古

牛车，布尔戈斯　摄影/［英］詹姆斯·克雷格·安南

作。在这幅照片中，白人修士站立在那里，双手拿一本打开的书像是展示给别人，完全不是自己在阅读。在黑暗的背景下，修士更像一尊供在神龛里的雕像。影像单调而模糊，但主体形象鲜明，显然是依据17世纪西班牙绘画风格的形象而刻意设计拍摄的。照片把读者带回了悠远的、古代的、静穆甚至有些悲苦的宗教气氛中。而营造和加强这种气氛，靠的就是拍摄的朦胧手法。

左页《牛车，布尔戈斯》是19世纪著名画意派摄影家安南的名作。同样摄于西班牙，只是时间略早于前一幅。画面描绘的是在布尔戈斯的小镇上，一男子手持棍棒，引导着牛车穿过古老的石板街道。透过狭窄街区的暧昧光线似乎是来自上空，形成高逆光，写意出了牛倌、牛、车的剪影。背景的古老墙壁和封闭了的窗，更加深了其人其景的历史厚重感，给人一种极其凝重的沧桑感。作者同样运用了绘画的技法和朦胧影调，使人觉得欣赏对象与其说是一幅摄影作品，倒不如说是一幅油画。

也许有人会说，这些老照片只不过是百年前的落后老镜头所摄，只能如此。拜现代技术所赐，今天的手机都能够拍摄出这种精度的照片来。可是从摄影艺术的角度来观摩学习，艺术水准与技术进步是不能混为一谈的。在此，我联想到辛弃疾《青玉案·元夕》中“众里寻他千百度，蓦然回首，那人却在，灯火阑珊处”的名句。夜深人静灯火疏零，该有多么朦胧，却正是文学艺术中最高的境界。在这里，朦胧不再是模糊、笼统和混沌，而是艺术创作上的清晰、明朗和澄澈，更是艺术意义上的提炼和升华。即使在现代，通过摄影手法的提炼、概括，以及技术上运用焦外、景深控制，甚至图形软件处理，使之达到类似效果，仍然离不开摄影者本人的艺术修养和坚持不懈的艺术追求。

功夫在画外

（《读者欣赏》2008年第7期）

面对下页这幅照片《无题》，您怎么看？看懂了吗？笔者琢磨良久，只能做肤浅的解读。首先一层，那是三个投影，叠次相加。投影各不相同，但内容一致，全是瓶子。最前的三角形投影，一只圆肩的瓶；居中的是另一只瓶子；最后的投影像电影屏幕，里面一只方肩的瓶，似乎旁边还站着一个戴帽子的男人。第二层，从居中投影兀然一折看，那是摄影场地的墙跟木地板的交界，暗示是三维空间。第三层，应该有3架幻灯机从三个不同的位置投出光影。前幅的光源应在左上方；居中幅光源应在右后方；最神秘的是后幅的光源，应在更远一些的地方。从屏幕的变形看，那架幻灯机放置在与墙面偏斜的位置。

无题　摄影/贾罗米尔·芬克

三个光源从前到后依此是近、中、远。这只是从光影的叠加上的一个判断而已。第四层，尽管光影的次序是前、中、后，可是后面的投影在人们的视角上却总是保持了优先性！想来原因可能有三：一是作为人类的我们总是对同类的形象保持了注意力的优先性，那个人为什么比瓶子还矮小呢，他又立于何处？二是画面相对复杂容易激发思考；三是人的位置大约在黄金分割点上。但是，仍然有一些令人不解之处，比方他是在幻灯片上吗？从人与瓶的站立交叉角度看，似乎更有可能是他站在大厅里。他是在拍照吗？居中画幅上那交叉的光纹又是怎么一回事？等等都耐人寻味。据说这里的瓶子暗示人类社会，那么作者究竟要传达些什么观念呢？恐怕需要相当的悟性和对猜谜的极大兴趣。留下一长串问题，让后人去一步步解开，这才是这幅照片让人反复观摩研究的原因。

相对而言，下页作品《泰比叉和斯塔茨（刀）》要好理解许多。女摄影家格鲁弗在上世纪70年代拍摄的这幅照片要比前页上世纪20年代的光影派作品明快许多。正如标题所言，照片上是一把餐叉和三把餐刀的局部特写，摄于她家厨房的水池上。画面正中带齿的餐刀最为抢眼，它被放置在较高的接近镜头的地方，上面还有花草叶的投影形成的美丽图案，加上刀的粉红色衬托了厨房的环境以及主妇的品位。左后方的餐叉主要起平衡画面的作用，叉股直对刀锋，讲述着接触和压力。带齿餐刀下面两把无齿餐刀本来是陪衬，可是上边带齿

泰比叉和斯塔茨（刀） 摄影/格鲁弗

餐刀投下的影子使下边两把金属刀神奇地变形，像是折叠了起来，成了架子托住了上边的带齿刀，无意间起到了奇妙的关联作用。这幅照片处处透出女性的细腻和道具布置上所下的工夫。她不无得意地写道：“我认为，刀子能呈粉色，这是很可爱的。它的形状可能由光来塑造，它的银色表面捕捉并反映点点的色彩—整个东西是流动的。”话比较抽象，原因是作者原本就是一位抽象派画家，1970年后改行搞摄影。

记得陆游晚年写给儿子的诗中有云“汝果欲学诗，功夫在诗外。”说的是凡做事功底为第一等紧要的东西。不要简单地以为摄影只是在不到一秒摁一下快门的简单事情，光靠敏捷、机遇就可以了。欣赏完这两幅发人悠悠之念的照片后，你还会那样想吗？

现实的真情感

（《读者欣赏》2008年第8期）

我们习惯于和乐于欣赏那些赏心悦目的事物，但生活的现实却往往不尽如人意。新闻摄影的一个重要的功能就是忠实地记录生活，表现生活，最高的境界是由表及里，剥开表象，一步步揭示生活的内核。右页《硬币上的佛朗哥头像，维哥，西班牙》是保罗·格雷厄姆的作品，拍摄的是西班牙一个名叫维哥的地方一个公用电话亭内的局部。黄色的墙与黄色的简易条凳占据了绝大部分画面，左下角的地砖及一段灰色的墙脚还有一根电话线暗示了空间的距离和场景。在读者的眼中，印象最深的并不是这些环境空间上的事物，而是那几枚硬币和条凳上褐色的斑痕。先说硬币，仔细观察，那些5分硬币中有

硬币上的佛朗哥头像，维哥，西班牙　摄影/保罗·格雷厄姆

逃避沙暴　摄影/亚瑟·罗斯坦

两枚呈现正面，上有佛朗哥头像图案。佛朗哥何许人也？他是二战时期的西班牙法西斯独裁者。这些硬币战后仍然在流通使用，作者在标题上强调“硬币上的佛朗哥头像”似乎在向读者暗示着什么。再细看那些斑痕，原来是燃烧的香烟头灼伤的痕迹。那些伤痕有长有短，发人深省。最长的痕迹足有一支香烟长，说明打电话的人可能在用很长一段时间向对方讲述一件极为重要的事情，以至于无暇吸一口点燃的香烟。一个斑痕，一个故事，时光，岁月，发生在电话亭里的人世间的悲喜苦情恐怕只有在电话亭才说得清。摄影家从普普通通的事物中发现和揭示生活本质的能力竟然如此深厚，不能不令人叹服！

左页的另一幅作品《逃避沙暴》则比较好理解。镜头表现的是美国俄克拉荷马居民深受干旱沙尘暴之苦的景象。作品是受美国移民安置局委托拍摄的，反映20世纪美国经济大萧条时期西部生态恶化，以及政府救助的决心，成为美国家喻户晓的经典形象和20世纪30年代伟大的主题之一。后来，该局改称为美国农业安全管理局。在破旧不堪的木屋前，父亲带领大儿子逆风前行，身后的小儿子用手臂遮挡沙土；门前的木桩已被流沙淹没，远处的农田在遮天蔽日的沙尘中显得奄奄一息，了无生机。如果说上一幅照片让我们有一种生活旁观者感觉的话，那么这一幅作品却令我们参与其中。作者利用大画幅相机中长焦镜头的特点恰当地压缩了前后景深，加上大画面图片的视觉冲击，让我们身临其境，甚至会感觉到沙粒敲击着自己的面颊。

联想到解海龙的《大眼睛》还有汶川大地震那些震撼人心的照片，最真实的现实有时是无情的，但恰恰是无情的现实调动了人间的真感情，那就是大爱，也就是人类社会的道德调节功能。

把时间拉长

（《读者欣赏》2008年第9期）

摄影是时空的定格。从摄影术发明以来，胶片的速度决定了光通量，而准确的光通量是由相机的光圈快门组合完成的，前提要求必须是画面的完整清晰。在单幅画面上表现时空只能是瞬间的，在通常状态下，我们只截取从数千分之一秒到数秒的时空画面。上世纪初叶，欧洲印象派画家用许多连续的单幅画面拍摄运动中的马车，试图分析运动的过程，后来发展为电影摄影。在摄影教科书上，也有对运动画面拍摄要点的介绍，即放慢快门速度，但人们往往不会、不愿、不敢去实践，一个重大的原因是胶片摄影成本颇巨。在傻瓜机和全自动相机普及的今天，一切由机器做主，无须让摄影者劳神，所以

打字者　摄影/安东·吉乌里奥·布拉加利　阿图罗·布拉加利

超验构成主义　摄影/安娜·布鲁姆　伯恩哈德·布鲁姆

您看到本期介绍的3幅照片后一定会充满好奇。

下页的《爱尔兰威克洛县》是著名风景摄影家保罗·卡波尼格罗的作品，摄于上世纪六七十年代。内容很简单：爱尔兰乡下，山毛榉树阴下，一群鹿匆匆跑过，它们的小脚在草地上清晰可见，使读者的眼睛不由自主地追随着小鹿前进。摄影家用很慢的快门速度表现出了小鹿白色幽灵般的运动的感觉，像是把时空拉得又长又扁。如果用高速快门拍出清晰的小鹿画面，那就只是一张再平庸不过的普通照片了。

左页上《打字者》是布拉加利兄弟1911年至1913年的作品。那时摄影术发明不久，摄影术局限于定格，不善于表现时间的延续。于是他们专门致力于用所谓为“光动作用”的手段表现时空的拉长。他们认为运动既然是连续不断的，一定有办法截取其轨迹的一部分，这幅打字的照片就是他们实验摄影的证明。画面上只有那打字机的机身是清晰的，其他皆充满动感，特别是打字者的右手，留下至少4个手影。作者做到了在一幅画面上让观众看到连续的动作，在我们脑海里似乎听得到“哒哒哒哒”的快速打字声。作者在光线颇暗的环境下用了长时间曝光，创作出了这幅令人印象深刻的照片。后来，安东转入电影制作，或许与这些“光动作用”实验有关。

左页下《超验构成主义》是布鲁姆夫妇的作品，摄于上世纪七十年代。画面表现的是，安娜面对餐桌上方的白色方块显出惊愕的表情。原来那白色方块是当时流行的“构成主义”美术作品。在那组照

爱尔兰威克洛县　摄影/保罗·卡波尼格罗

片中，作者想通过他们扮演的普通市民，以“现代媒体对被动受众构成冲击甚至侵害”的面貌出现，表达了对现代社会中深刻的社会传媒美学问题的困惑。本图实际由两幅单独的照片组合而成，摄影技法上同样运用了慢速度快门，有意模糊人物的面部，连她的衣服上的

花纹也有模糊的构成主义元素；右面的白色方块也是故意拍得有动感。两张有意摆拍的画面合成，相得益彰，给我们许多有益的启示。原来拉伸时间长度的慢速度摄影也是别有洞天哪！

换个角度看

（《读者欣赏》2009年第2期）

唐代诗人刘禹锡在京中受人排挤，被贬为苏州刺史，当地有位曾做过司空的名士李绅宴请他。席间有歌女作陪，刘禹锡赋诗曰：“高髻云鬟新样妆，春风一曲杜韦娘，司空见惯浑闲事，断尽苏州刺史肠。”“司空见惯”遂演化为一句成语，意为人们大都是以寻常的眼光看待我们这个世界，了无新意。

上世纪80年代，航空摄影家乔治·格斯特驾着他的小飞机在非洲尼日尔河的拐弯处低空盘旋，发现一个村子很美，便拍下了右页这张鸟瞰照片。后来他费了好几天工夫才在地面找到了这个叫拉贝藏加的马里人村子。他还知道了政府正在进行考察，打算把它迁移到别

拉贝藏加，马里　摄影/乔治·格斯特

处。格斯特随后发表了这组照片，并取名为《非洲最美丽的村庄》。拉贝藏加村一举名闻天下，马里政府也放弃了迁移计划。第一次欣赏这幅照片，大多数人都会问，这是什么？项链？蘑菇？蚂蚁洞？还是别的什么？当知道了这是一个非洲村落的航拍照片时，人们又会兴趣盎然地仔细研究它。在随机建造形成的村子里，有一些小院落，每个院落又有一到三个大屋子，然后是念珠似的中等屋子，还有再小些的微型屋子。从它们与人体形的比例看，那小屋只好住小孩子，中等屋子只可以住个把大人。那么,大屋子是不是住着一家之主，中屋子住女人，小屋子住孩子？那些方形的房子是羊圈吗？那几棵树是人工种植的吗？村长的院落在哪里？村里有几户人家……许许多多的问题，让人探究不已。如果在地面从寻常角度拍摄,一定不会有这张照片的震撼力。

右页照片题名《废园》，是日本摄影家都松松明的作品，也是俯拍的。与上一幅对照，不同的是这幅是摄影家在摄影棚里摆拍的。观者也会问，那是些什么？“请自己去看吧。”摄影家说。粗略地，我们可以列举出鱼干、小虾、枯叶、羽毛、野果、树枝、茅草、荆棘、兽角、花蕾、藤蔓、昆虫……淡色的衬底，均衡的布排，带有伤感的弃物，营造出一种别样的意境，让人联想到水底、秋天和空气，进而将观众带入各自不同的对人生和大自然的感悟之中，这便是作者的深意。他的创意在于把人们在日常生活中忽视的寻常事物用随机的方式排列起

废园　摄影/都松松明

来，让人们重新审视，换个角度观察思考，然后引发联想。

人们不应该抱怨这个世界不能常常精彩，而是应该反省自身有没有关心和热爱这个世界，用一种充满好奇的眼光和永远探究的精神，必要时换个角度看看、想想、试试，说不定会有使你惊喜的新发现，正如今天欣赏的这两幅佳作给我们所带来的。

《牛奶王冠》与高速摄影

（《读者欣赏》2009年第3期）

摄影技术的傻瓜化拜科学技术的高度进步所赐。如今有谁在公共场合手拿照相机向你打听或交流光圈快门、胶片速度什么的，你可能会想，他是不是没钱买哪怕是一台傻瓜机的那类人。这年月无论摄影师的大炮筒，还是普罗大众的山寨照相功能手机，清一色全自动。有谁还会关心那些劳什子事，机器都为你解决了嘛。但，也不尽然。请观察下面这幅照片。首先提问，这是什么？然后观察右面那幅照片，再问，你能拍摄出来吗？相信答案众说纷纭。现在笔者告诉你，第一幅是一滴牛奶滴进液面时的照片，你一定会惊异于画面的美丽，叹道：“啊，多像一顶王冠！”是的，此作品的确取名为《牛奶王冠》，是

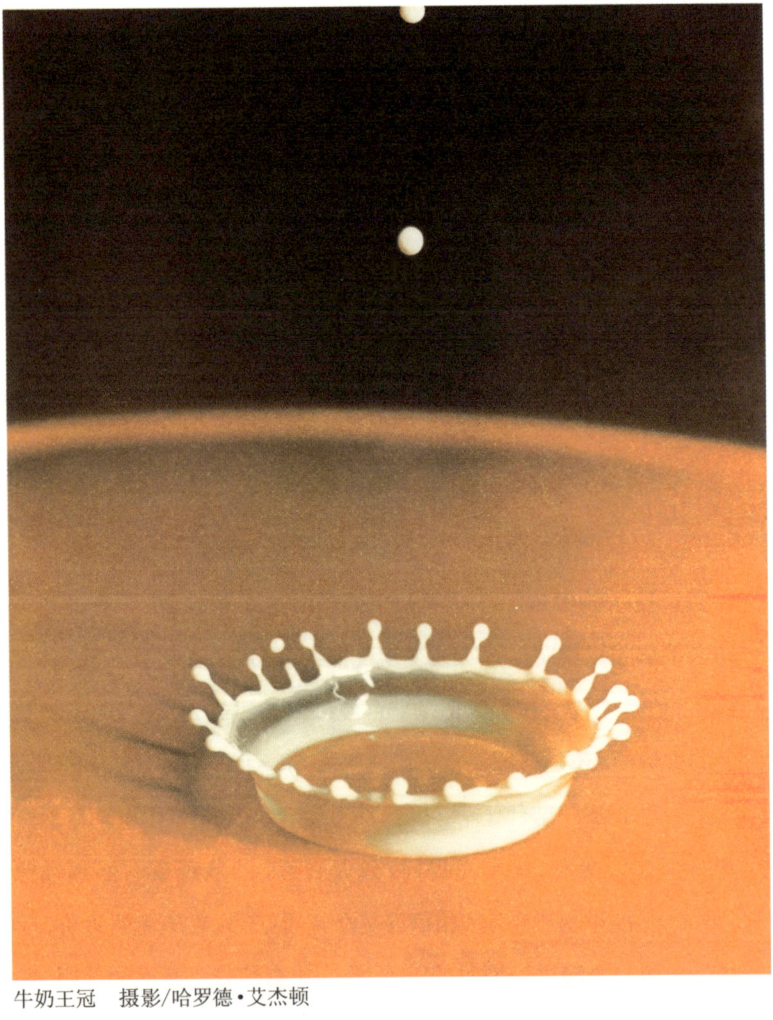

牛奶王冠　摄影/哈罗德·艾杰顿

摄影家哈罗德·艾杰顿具有划时代意义的作品。

我们知道，19世纪中叶摄影术发明初期，受制于镜头光孔最大不过1∶5.6、快门只有几十分之一秒、黑白胶片感光速度极慢等因素，拍摄一幅肖像有时要把被拍摄者绑在椅子上，以求图像清晰。到上世纪初，随着便携式摄影机的出现，镜头光孔提高到1∶1，快门速度可达1/1000秒，胶片感光度也有大幅提高，于是出现了所谓运动摄影。但是拍摄出膛的子弹、下落的水滴这些更高速度的画面仍然是梦想。人类第一次高速摄影实验是由英国化学家、语言学家及摄影先驱亨利·塔尔博特在1851年完成的。他将《伦敦时报》的一小块版面贴在一个轮子上，让其在暗室里高速旋转，利用莱顿瓶产生闪光，拍摄出了几平方厘米的清晰图像。但真正让高速摄影实用化的人是美国麻省理工学院哈罗德·艾杰顿教授。为拍摄一滴牛奶下落后溅起的形状，他从1935年开始研究，25年后终获成功！他拍摄的这幅佳作让人类第一次欣赏了一滴牛奶溅开后的美。高速摄影技术很快被用于科研领域。艾杰顿教授在第二次世界大战中参与了夜间侦察，用光脉冲频闪技术拍摄出飞行的子弹。据说，美国第一颗原子弹爆炸试验时曾有10万人手拿相机拍照，结果只有一人成功，那就是艾杰顿教授，这当然是基于他在此领域的过人学识。

从技术层面说，尽管今天照相机的快门速度可以达到1/6000秒，但在高速摄影中仍然以闪光灯为主。亨利·塔尔博特拍摄报纸版

豹纹蛙　摄影/斯逖蒂芬·戴尔顿

面用的莱顿瓶闪光速度为1/2000秒，艾杰顿教授拍摄《牛奶王冠》时的曝光时间为1/1000000秒，只有闪光灯可以做到这一点。左页这幅《豹纹蛙》也是用这种方法拍摄的，曝光速度为1/2500秒。摄影家在镜头和目标物之间加了红外线触发快门和闪光的装置，这样一来就不会落空了。当然，如果没有专门设备，你也可以尝试用照相机的连拍程式，啪啪啪一顿乱拍，说不定会从中得到一幅准高速摄影佳作呢，不过请不要忘记使用闪光灯。

异化

（《读者欣赏》2009年第5期）

异化是一个十分暧昧的词。有人把它理解为“出卖、转让”，有人把它说成是“向对立面的转化”，有人把它解释为事物的“外化”，有人从人性、人的本质力量的变异看异化，还有人试图用这个词去解释某些社会现象。虽说对它的概念有争议，但今天我们在欣赏这两张怪异照片的时候，依旧自然地想到了它。

先看右页图《我+猫》。这幅把自画像和猫合成的图片创作于上世纪30年代。那时候没有电脑图片合成软件，要创造出这样一幅梦幻般的图片，需要多张底片叠加，并且使用复杂的暗房技巧才能用手工完成。当人们第一次看到如此紧凑动人的组合时，无不为作者的巧

我+猫　摄影/万达·伍尔兹

青蛙　摄影/威廉·威格曼

思所折服，于是这幅照片当之无愧成为划时代的杰作，并为后世效仿并不断发挥。那么这幅照片的奇思妙想到底在何处？首先它是一个人兽合一的怪物，类猫抑或类人？一下子还真说不准。其次观察它的眼睛，两只十分相似的眼睛其实大有玄机，右眼是猫眼，左眼是人眼。再向下鼻子基本属猫，嘴唇属人。最刺眼的是那几根面具似的猫须，一面将观众斥开，一面又将观众的注意力引导到那两只不寻常的瞪大的眼睛上去，产生一种“人—兽—人、兽—人—兽……”不间断的思维循环。这种对人的异化表现影响了后来的文学、戏剧、影视作品，我们在蜘蛛侠、蝙蝠侠、史瑞克、雷奥身上看到了这幅作品的影子。

左图《青蛙》表现的是一只威廉狗和一只青蛙。这只狗大名曼·雷，十分有名，它在摄影家1970年—1982年拍摄的许多组照中担任主角，一会儿身着礼服，一会儿珠光宝气，一会儿变成浣熊……这次它变成了一名游泳运动员，脚戴泳蹼，瞪着大眼睛盯住一只站在睡莲叶上的惊讶的青蛙，似乎在与真正的蛙泳大师较劲。为了增强效果，曼·雷突出的眼珠子是人工的假眼，为了统一色调，狗毛被染成绿色，这样更使场景显得真实幽默。我们在这幅照片中看到的是曼·雷好玩的一段故事，虽是一个场景的片断，却是那么完整。在这里，狗被异化了，它浑身是人类的影子，努力表现着人类的情感。可是，造成这一切的始作俑者摄影家和他的观念，被隐身到了几乎不为人觉察的次要地位，这正是我们欣赏、学习、体味这些佳作的关键所在。

艺无止境

（《读者欣赏》2009年12期）

《读者欣赏》创刊已有8年，明年第2期恰为100期，是一个值得纪念的时分。这本杂志创刊的初衷是用图说话，以美示人，普及艺术，惠及人生，想通过这份图片刊物不遗余力地呼唤、推动、熏陶、提升、助长国民的艺术素质和审美修养。3年前我受杂志主编之邀，主持这个名为“品味经典”的小栏目，向读者推荐一些摄影佳作，并辅之以短文撮要介绍。这期是否也该作一次小结抑或收官了。

于是我想到了艺术。艺术是什么？至今无精确定义，就像人类自身一般，它是那么深邃、那么神秘、那么波澜壮阔，又那么浪漫绵长。笔者主持的栏目只涉及摄影，只是艺术的一个小小分支，尚且如此

1 | 2
3

4

丰富多彩。推而思之，艺术是何等伟大，它的光芒足以照亮我们每一个人的一生一世。只要用心，总会有所斩获。摄影作为艺术的要义何在？我以为有数点。仅以摄影作品中的儿童为例：

一、它是诚实的。请看照片1。1963年11月22日，美国第35任总统约翰·肯尼迪遇刺，震惊世界。这幅照片是11月25日美国国葬仪式上总统家属送别遗体的镜头。请注意右下角那个举手行礼的小男孩，他是总统的小儿子。他率真地向父亲敬礼，虽然他并不完全知道事件有多么重大。他的形象为什么令人难忘？因为他是最诚实的。摄影者也是最诚实的，他忠实地记录了这一刻。

二、它是机智的。照片2摄于1938年，英国。两个女孩在秀新鞋，摄影者抓取的姿势风趣有味，让人忍俊不禁。

三、它是含蓄的。照片3摄于1940年，英国。海岸边，一个小男孩坐在巨型水雷上，悠闲地吃着冰激凌。此时，第二次世界大战正酣，水雷可能是从英吉利海峡彼岸德国人那边漂来的，对它巨大的破坏力，小孩浑然不知。再看他的眼神，似乎在眺望大海，那里有他的亲人去打仗了吗？

四、它是诧异的。图片4摄于1959年，英国伦敦。皇家卫兵，并不令人惊奇。请看蹲在那里的小男孩，他在做什么？从他的眼神判断，他可能对仪仗队卫兵靴子上的马刺产生了兴趣。在图片的导引下，读者也一下子诧异了：那究竟是怎么一回事儿呢？诧异因差异而生，抓取差异是一种技巧。

我们说艺无止境，大多缘于艺术的独创精神。巴斯德说过，机遇永远青睐那些有准备的头脑。生活丰富多彩，每时每刻都会有新鲜事物在等待着你去发现。要在摄影艺术上有所建树，时刻记住带上你心爱的相机。

海晏河清　摄影/胡亚权

走进大山(代序)

(《读者·人文读本》高三下)

常有人问:你的家乡有什么?我回答:我的家乡叫武威,有历史,有文化,还有大山。历史、文化略举:武威有铜奔马,就是被选为中国旅游标志的那个;武威有罗什塔,高僧鸿摩罗什在那里译过佛经;武威有西夏碑,是现存唯一完整的西夏文汉文对照石碑;武威有见证萨班与阔端凉州会谈,西藏正式纳入中国版图的白塔寺。这个名单可以一直罗列下去……

然而最使我留下印象的却是武威城西南的莲花山。那年我还在上初中,几个同学相约中午出发,一路步行从羊肠小道慢慢爬上顶峰,已是傍晚时分,只见夕阳似胭脂,涂满山岗,遥望群山,恰如莲花。归来把这次体会写进作文，并开始形成一种对大山的迷恋。后来读到清代张昭美咏莲花山诗：

未到灵岩意已闲，

踏苔扣壁闯松关。

悬崖绀宇云封径，

断涧红桥石作斑。

自愧弗如。因为一个少年不可能体会到意适心闲的成人境界。

以后的经历是，十年以后读完大学，去祁连山下的戈壁滩开荒种地，改造思想。祁连山是莲花山的母山，绵延千余公里，壁立大漠之南。雪峰、冰川、原始森林，丰美的山前牧场，加上戈壁黄沙，构成一种壮美的走廊景观。成为青年时期山的形象定位。

带着山的宿命，我进了出版社，办《读者》杂志，出书当编辑，一做三十五年。

又过去二十年的20世纪90年代初，张仃先生去祁连山写生，有幸陪同。登上祁连山麓才发现，祁连群峰只不过是青藏高原的北缘台阶。更高的山峰还在青藏高原上。

又过去十年后的21世纪初，陆续去了新疆、西藏、青海，看到了昆仑山、巴颜喀拉山、念青唐古拉山。在长江源头观看这些世界屋脊似的大山，方知在青藏高原上，四千米以上的山峰只有岩石、荒原、冰雪、蓝天的存在，它们是静谧的，就像一个个沉默的巨人。在“高大”

摄影/胡亚权

这个词语下，有着多少内涵、精神、思想、哲理，供你去理解、思索。释迦牟尼创立佛教，就是在喜马拉雅南麓苦思冥想的结果。

后来从飞机上鸟瞰过欧洲的阿尔卑斯山，北美洲的落基山，日本的富士山，亚洲的乌拉尔山，另是一种从天空俯瞰人间的神仙感觉。但仍然觉得没有看到大山的真面目。

最近的一次看山，是在云南。从漂亮的丽江古城可以遥望到玉龙雪山。导游说可以去登玉龙雪山。驱车40公里，来到玉龙雪山脚下，我们选最高的牦牛坪缆车，上到云端中的高山草甸。再骑马前行，果然在原始森林后面看见了玉龙雪山的岩壁，近到几乎手可触扪。雪峰之大，形如在一个环形立体影院放映山的局部特写镜头。但面纱般的云雾永远不想让人知其大山的真面目。这时的登山者，就像在神祇面前，不由得去顶礼膜拜！

但我仍未登上那座山。

童年到花甲之年，我登过那么多山，但仍然没有登过世界上最高大的山脉喜马拉雅。只能听到在《天路》的主题歌中所唱：

是谁带来远古的呼唤

是谁留下千年的企盼

难道还有无言的歌

还是那久久不能忘怀的眷恋……

事实上，人的一生必然要探究许多大山，我们有历史的大山，你不妨从家乡探起，了解家乡的历史，直到久远；我们有文化的大山，也不妨从中华文明探起，直到跨海越洋；我们有事业的大山，那里的金矿等待着你挖掘的才干；我们有自然界的大山，等着你去攀登，实现童年的梦幻，体会人生的尊严。

走进大山，是每个人一生永恒的梦想。

2004年7月10日于兰州

书缘

（《出版科学》1995年第3期）

佛教有一句话：“凡事随缘皆有味。”人生在世，总似有冥冥上苍授以某种缘分。对我来说，便是与书之缘。

我出生于一个农民家庭，四五岁时，叔叔把我放在他的肩上，教我背诵《三字经》《百家姓》。那时不识字，只是背，长大了，才知道是两本古代著名的启蒙读物。上中学，上大学，皆因喜欢读书，取得了自由出入阅读室的“特权”。常常是下班后管理员将我锁在书库中让我自由地读书。因为这种便利，我浏览了大量的书，中学留下印象最深的是，在岷县一中读了王云五先生主编的“万有文库”。在兰州大学读了馆藏的大部分世界名著。这些意外的收获，未曾料想成为我后来从事编辑工作的一项雄厚“资本”。

我小时很爱画画，买不起纸和笔，就用手指在黄土地上画，几次磨破食指。上学三年级，喜得一张四开大小的白纸. 于是到小学旁的庙里，拓临了一张古代壁画的局部，那是两只梅花鹿，三十年后我返回老家。土墙上还贴着那幅临摹画，是母亲贴的，总不让别人取下来。有此特长，上中学，上大学，一直到出版社工作，总是作为出板报的热心分子和主要参与者。1968年大学毕业后，曾在部队农场接受再教育。农场在戈壁滩上，报纸要几天后才能收到，大学生学员们靠收音机听新闻，后来我们这个班发起出版一张“油印小报”，很远的县城买来一只油印机纱网和一小盒油墨，找来一个竹片，用刀修平，有一位陕西来的大学生从行李中找出钢板和铁笔，一个小型的“印刷厂”便诞生了。每当有重大新闻、“最高指示”，晚8时新闻联播开始，全班一起上起上，有人监听，有人记录，有人刻版，有人裁纸，有人印刷。第二天一亮，我们二连出的“号外”便分送到全农场方圆几公里的几个连队，真有点像出了一张小报。我分担的是印刷工序，用文件夹把蜡纸与纱网固定，下面放一块从窗子上拆下来的玻璃，竹片将油墨均匀地刮过纱网，一张清晰的印刷就出来了，品质不亚于油印机所印。这些也许是我与编辑出版之缘起。

1971年，我们这些老三届大学生经过两次再教育，终于，我有幸分配到了甘肃人民出版社，从事过发行，编务，编辑等工作，落实知识分子政策的1978年，正式成为一名编辑。

我做过内部刊物编辑、科技编辑、少儿编辑、杂志编辑。文字编辑之外还涉猎美术编辑的事，设计封面，版式设计也干。

要说最得意的事，是组织出版了几套有沉积价值的书，如《一千零一日》《纪伯伦全集》《谚海》《鞠萍讲安徒生童话》等，需要强调的是，这些选题的组稿编辑是魏宏泽先生。我的最大兴趣在杂志，1981年与郑元绪同志一起创办了《读者文摘》（现名《读者》），1987年组织创办了《妈妈画刊》。现在，我在《读者》编辑部工作，打算再干它十年，直到退休。可能还要创造点什么。

要谈编辑经验，我以为不确当，可能言不及义，因为编辑这一行是包蕴一切的采纳百川的学问，讲起来总是挂一漏万。但是，有一些告诫的话可以讲出来：

有出息的编辑必须是爱书如命的人；

有作为的编辑应该视这项工作为第二生命；

有创见的编辑应具备三种才干，这就是扎实的知识积累（特别是高中），文字功力（特别是写信）和对图书市场的高屋建瓴式的鸟瞰（特别是华人世界）；

有贡献的编辑必然是一位甘于寂寞的文化人。

还有：

看着公家的水龙头流水不去关掉的人；

约会常常迟到的人；

对世界上所有的事都轻易下结论的人；

十句话中有八句带“我”的人；

常常讥讽善良人的人；

说外国的月亮比中国的月亮圆的人；

对同事，朋友的要求件件应允的人；

分辨不出五个以上树种的人。

八条中有6条可对号入座，则不适合当编辑。

毛泽东有一首叫《卜算子·咏梅》的著名的词，是唱和陆游的同名词牌。人们往往不大注意它，我以为编辑们应当读几遍，牢记于心。原文是：

驿外断桥边，

寂寞开无主。

已是黄昏独自愁，

更著风和雨。

无意苦争春，

一任群芳妒。

零落成泥碾作尘，

只有香如故。

辩论赛的记忆

（写给《舌战风云》）

我打小口拙不善言，儿时兄弟们争论问题，争得面红耳赤时，有一小弟喜欢用拳头解决争端，因为他的拳头比头脑更厉害，可以三下五除二立马决出胜负。等我长大后才知道，其实小弟的做法也有他的道理——战争是政治的继续嘛。中学读《史记》，苏秦佩六国相印纵横捭阖，仕途那叫一个牛；《三国演义》诸葛亮舌战群儒，智商那叫一个高；还有柏拉图、亚里士多德，思辨那叫一个妙，对他们只能想象为天人，永远瞻仰之。窃想我有这些前辈老人家千分之一的辩才也好啥。可惜天不假我此艺，至今仍是木讷。当然，儿时那叫争辩，名家那叫雄辩，但都可归入辩论一类。

第三届金城大专辩论赛主持人雅芳（左一），评委李保亮、臧海群、胡亚权、郝利平、李正强

后排左起王轫、雅芳、臧海群、胡亚权、郝利平、李正强、马骏，前排为获得第一名的西北民族大学代表队，前排左二杨安后来成为兰州电视台主持人

辩论是什么？一直以来是一个很难说得清的名词。辩论由辩和论两部分组成。辩与辨通，主要是思辨；论则大有讲究。一人滔滔不绝，那叫高论；俩人激烈斗嘴，那叫争论；几友好喳喳探究，那叫讨论；数人交头接耳，那叫议论；人人点头称是，那叫公论；领导讲话超时，那叫空论；有人拿腔嗫调，那叫怪论；贬谪不合时宜，那叫迂论；众人交头接耳，那叫舆论……辩论可能是介乎这些之间的一种比较正式正规正经并且高档高尚高级之争论吧？—我猜想。因为我的《辞海》（2000版）上竟然没有“辩论”这个词条。

2006、2007、2008年，兰州广播电台李台长邀请我在第三届、第四届、第五届金城大专辩论赛中当评委，有幸接触到真正的辩论，才使我眼界大开。

正是兰州四五月，季春孟夏，樱花盛开。赛场轮流在参赛学校大会堂举行。学校像节日般喜庆。划一的会场布置，熟悉的参赛选手，还有如影随形的粉丝拉拉队，颇似NBA季候赛。每场辩论赛的辩题和正反方都是几天前的前一轮比赛后靠抽签决定的。选手的准备时间非常之短。好在辩手们个个都是在学校的选拔赛中脱颖而出的人中豪杰，他们的素质上乘适应能力一流。他们到底是一群什么样的人呢？一，秀外慧中，形象佳；二、伶牙俐齿，口才好；三，机敏过人，思敏捷；四，能攻善守，悉近战；五，旁征博引，知智厚。很久后，我找到当时的印象随笔，上面有这么一句话：“总是怀念辩论中的机锋，脑海里有几个字一直闪现，它们是——智、敏、巧、控、勇。”即一个辩手应有的素质便是：智慧、敏捷、技巧、控制局面的能力和必胜的斗勇精神。

每场比赛都是有序的，一、正反方一辩分别发言；二、正反方二、三辩相互攻辩；三、正反方一辩小结；四、自由辩论；五、反正方四辩总结陈词。五阶段总用时仅40分钟。在这40分钟里，你经历的一场唇枪舌剑其实是一场智力的格斗，其剧烈程度一点都不亚于一场拳击比赛或球赛。辩赛的大致规律是：一辩发动攻击，他（她）要能清晰表达本方的基本观念；二辩要挑起攻击，他(她)要清楚地辨别对方的弱点所在；三辩要进行攻击，他（她）要有出众的口才和过人的学识；四辩则结束攻击，他（她）要有冷静的头脑，归纳我方的胜利。所以一辩要如坚不可摧之盾；二辩手持无坚不摧的矛；三辩好似机智灵巧的队长；四辩犹如沉着冷静的教练。

你还可以想象评委的紧张状况，他们要聆听辩手的每一句话，区别双方的观点立场，要及时打下公正的分数。作为评委，我对辩论的理解算是更深了一步。想起了拿破仑说过的一句话：“一支笔，一条舌，胜过三千毛瑟枪。”

在当时我还有感而发写下几句顺口溜：“辨辩寻常道，我辈却不具。学子呼风来，辩手唤雨去。诡谲疑对枰，博弈真蹴鞠。有君秉此才，此生当不虚。”想到了这类大学生辩论赛的确是大有好处的善举。它可以组织人才、培养人才、发现人才和遴选人才。有实证：此两届的最佳辩手杨安，现在是兰州电视台零距离栏目的主播，人们从他的TV形象中，依稀能看出当年带领西北民族大学代表队征战沙场并英勇夺冠的英姿。

这便是我对金城大专辩论赛留下的最深刻记忆。

《卷首语》的卷首语

（为“读者丛书”《卷首语》作）

《读者》的“卷首语”始于1985年第1期。本刊的老读者可能记得，那一年的“卷首语”基本上是主编写的“本期导读”。1986年，编辑部发现，读者对“卷首语”的希求已在导读之上。于是编辑部决定，将“卷首语”的版面让给名家和名篇。从此，《读者》的“卷首语”逐步演化为一个知名的栏目。在编辑看来，每期的“卷首语”应是钻石之于珠宝；在读者看来，“卷首语”则是精华之于精品。

10年下来，100多期的“卷首语”足可以收集起来，付梓出版了，大家都很激动。

随着“卷首语”在中国期刊中推开，众多期刊都订制了自己的

“卷首语”，风格突出，异彩纷呈。此种势头还在发扬光大。为不使遗珠，本书也收录了兄弟报刊的一些精彩篇目。在此，谨向诸位编辑们深致谢意。

《卷首语》实际上是短文精品集。有些篇目虽是原文的片断，但仍然不失完美地表述着一个发人深省的故事，一条闪闪发光的哲理，一星划过夜空的亮迹。这些短文，含蓄凝练，潇洒自然，你可诵之，你可歌之，你可思之，你可叹之。旅途携带，或置之案头，随时览阅一页，既有神韵与灵性的感悟，又有芬芳与飘逸的魅力，相信会带给你无尽的乐趣——高雅的乐趣。这便是编辑本书的初衷。

《读者》编辑部（撰文：胡亚权）

插图展前言

插图是一门古老的艺术，它可以使高深的文字通俗化，抽象的观念具象化。优秀的插图既是从属的，又是独立的。从这个意义上讲，一幅好的插图作品常常体现出独特的视觉审美形式，成为富有价值的独立艺术品。

《读者》的插图与她的办刊理念一样，追求一种求真、向善、唯美的意境。《读者》还追求插图的延展性，要求绘本作者最大限度地拓宽文字之境，进而提高文字的信息承载量，最终造成一种典雅愉悦的观赏心态。优秀的插图也对《读者》品牌的形成起到了不容忽视的作用。

中国期刊协会会长张伯海先生（右）出席插图展，兰州，2003年

在《读者》二十二年的办刊历程中，有一大批有为的画家参与其中，为她绘制过上千幅精美的插图。这些作品成为《读者》的又一道风景。这些优秀作者的名单很长：戴敦邦、施大畏、高燕、卢延光、张守义、杜凤宝、俞晓夫、黄英浩、冷冰川、陈延、李晓林、安玉民、宋德禄、杨宏富、张定华、李宝峰、季平……这份名单还将一直延续下去。

这次《读者》举办“插图邀请展”体现了《读者》杂志对插图艺术的崇尚、尊重、支持和推动。在中国插图艺术有点式微的今天，此次展览的意味尤其深长。

胡亚权

（注：为2003年在兰州举办的“《读者》插图展”写的前言）

附：大事记（1980—2001）

1980　10月，甘肃人民出版社成立丛刊编辑组，调胡亚权、郑元绪筹办一份杂志

1981　4月，《读者文摘》创刊　定价0.30元　印数3万册

负责人：胡亚权、郑元绪

8月，交兰州邮局发行

1983　定价0.60元

第一届阅读奖

因审查精神污染问题，10-11期合刊

1984　期刊编辑室成立，主任张力。《读者文摘》归入

1985　胡亚权调离

郑元绪任期刊室副主任　主持《读者文摘》工作

1986　彭长城任期刊室副主任

定价0.98元

1987　5月，成立编委会。由周顿、郑元绪、胡亚权、谭秋桦、彭长城组成

周顿任主编，郑元绪、彭长城任副主编

1988　《读者文摘》首次署名主编、副主编

4月，武汉分印

第4期　试登“福达”广告

8月31日，曹克己总编辑逝世

1989　9月，注册《读者文摘月刊》

天津分印

1990　实施一稿三酬

1991　王维新兼主编

期发行量241万

1992 成立读者文摘编辑室，郑元绪任主任，彭长城任副主任

1993 1月，《读者文摘》维文版由新疆人民出版社出版

7月，《读者文摘》改名《读者》并注册商标成功

期发行量350万册

1994 陈绍泉兼主编

4月，郑元绪调离，胡亚权调入任副主编，主持工作　彭长城任副主编

《读者》编辑室改为读者杂志社，下设编辑部（主任胡亚权）、经营部（主任彭长城）

定价1.50元

正式刊登广告

免费刊登“希望工程—1+1助学行动”广告

12月，发行量400万册，甘肃省委省政府重奖桑塔纳轿车一辆

1995 5月，征集《读者》刊徽

7月，请陈汉民教授设计“蜜蜂”刊徽。

随后，“小蜜蜂”标识与拼音“DUZHE”和赵朴初书写的“读者”作为完整的商标进行注册，并形成《读者》的LOGO。

配合中国青少年发展基金会“希望书库”活动，免费刊发公益广告，并配赠20万套《读者》精华本，捐赠给甘肃省贫困地区的“希望小学”

电脑设计室成立，实现自我排版

期发行量407万

1996 定价2.80元

南京分印

1997 深圳分印，内文双色印刷

《读者》盲文版由盲文出版社出版。1998年起甘肃人民出版社每年向盲文版提供4万元出版资助

6月，免费刊发公益广告“珍爱生命，拒绝毒品”，并与国家禁毒委员会联合举办了一次禁毒知识竞赛

9月，教师节开始向全国特级教师赠阅《读者》杂志一年

12月，首套《读者》明信片推出

胡亚权任常务副主编，主持工作　彭长城任副主编

1998　成立新编委会　主任陈绍泉

济南、上海分印

出版发行《读者》200期光盘

8月，赴新疆慰问边防军官兵

在南方发洪水期间，杂志社向中华慈善总会捐款35万元

第二届甘肃省著名商标

定价3.00元

1999　6月9日，迁址滨河路办公楼

年底，美国《读者文摘》副董事长、远东地区主管唐纳德先生亲赴兰州，在黄河之滨与《读者》主编陈绍泉先生握手

获“首届国家期刊奖”

2000　《读者》由月刊改为半月刊

北京分印　期发行量505万

2月，与中国青少年发展基金会联合发起“保护母亲河，共建读者林”活动

《读者》举办第6届、也是最后一届阅读奖活动

《读者·乡村版》创刊　主编胡亚权，创办人为陈泽奎、高剑峰、王铁军

2001　彭长城任常务副主编主持工作　副主编陈泽奎

胡亚权任顾问

沈阳分印

国家邮政局发行了由《读者》创刊以来每套250张的贺年有奖明信片

《读者》发行局联合奖励杂志社别克公务车一辆

获新闻出版总署"中国期刊方阵双高期刊"认证

获新浪等60家网站联合网上公众投票评选：全国公众最喜爱的百家企业第十二名、商业服务类企业第一名

第三届甘肃省著名商标

中国广告协会颁发的"中国广告行业文明单位"

《读者·乡村版》获中国期刊方阵"双效"期刊认证

10月，《读者欣赏》创刊，主编胡亚权　创办人胡亚权、王光辉、蒲安应、李伟杰。

《读者》历任主管领导

张　鸣　曹克己　张九超　张正杰　孟　臻　吉西平

《读者》历任分管领导

郭耀中　周　顿　王维新　陈绍泉　傅保珠　汪晓军　彭长城　陈泽奎

供职、曾供职《读者》人员名单（1980—2011）

胡亚权　郑元绪　彭长城　高海军　张　力　*丛　海　*程　焱　*袁维和
胡福生　张永钟　李一郎　孙永旭　袁勤怀　孙玉明　刘英坤　李剑冰
张正敏　陈泽奎　张　涛　王　祎　任　伟　高茂林　王　燚　祁国宏
张秦生　侯润章　邱　仿　万　洁　杜孟瑛　康力平　王铁军　白熠峰
李　乐　陈亚耘　陈志明　高剑峰　王光辉　李伟杰　蒲安应　富康年
宁　恢　张笑阳　潘　萍　唐晓玲　郭佳美　刘全镛　黎珈禾　李　霞
贾　真　王　飞　李艳凌　何东平　韩学斌　陈　珂　郑　洁　李秀娟
陈天竺　祁枫博　刘　燕　台昀江　刘志伟　王永鹏　王先孟　张亚强
王　悦　韩惠言　杨　帆　高　原　董世强　吴晓丽　臧红岩　马文若
张　林　祁　莲　杨　琳　林春香　孙　琳　韩维善　刘学成　王　丹
高翔飞　李耀武　姚红霞　孙小力　尹　莲　杨荣波　赵　静　周广挥
曹文阳　欧阳薇　叶丽琼　卢建洪　李　进　陈妮娜

（注：大体以进入《读者》杂志的先后时间为顺序。*为曾长期协助《读者》工作的志愿者）

后记

2011年4月，是甘肃人民出版社成立60周年暨《读者》创刊30周年。2010年岁尾，读者集团做出决定，将隆重庆祝之。届时将有一个大型出版社社史展览、一系列与之有关的活动计划，包括郑元绪和我各自编选一个册子。于是翻箱倒柜，找出本人从事出版工作凡40年与出版有关的材料。含，在《读者》编辑部、甘肃少年儿童出版社、《读者欣赏》编辑部、甘肃省政府参事室供职期间的职务文字、论文讲稿和应约稿等三类。篇幅虽然大了些，内容却不庞杂，都与我一生从事的出版职业特别是杂志有关。遂请《读者》杂志社祁国宏、《读者欣赏》编辑部郭佳美从数据库拽出电子文件原稿，所剩的单单片片请

安西五三八五部队农场的“戈壁战士”，1968年

周总理逝世，举国哀悼，甘肃人民出版社共青团员敬献花圈，兰州东方红广场，1976年1月

小祁利用工余假期辛苦地录入补上。粗粗拢到一起，发现仅文字就有30多万。给老郑打电话商议，他说："那些伟大的人物才出个选集，何况你我。"一语点醒梦中人。于是开始删削，也许是敝帚自珍吧，三易其稿，砍掉一半，本书责任编辑吴洁琼也帮着砍，临了还剩下不老少，勉强成书。

不知在什么地方看到过这么一段文字：如果你拥有一个传奇，你一定是传奇的一部分，每个人都有自己的传奇。照此逻辑，所谓传奇，就是你与众不同的那些事。2011年3月报载：俄罗斯一位妇女，办身份证时被粗心的公务员将她的出生月日登记成0月0日生。从此她平静的生活发生了巨变，银行、公交、机场、医院拒绝办理，麻烦不断，于是诉诸报刊。此事让普京总理知道了，责成处理，终于摆平。这位妇女在证件纠正后的第一件事，就是兴奋地给闺女打电话：我再也不是零啦！——这就是那位妇女的传奇。她的传奇又使我联想到导演伯格曼的名言：人的尊严在于，能够对我们看似前后矛盾的命运逻辑，反复地质疑。

想想，我虽然只是一个俗人，质疑起来，也会有些与众不同的故事。六十多年，一路走来，风风雨雨，琢磨起来也颇有意思。脑海里如烟往事中，浮出一些碎片，隐隐约约。我出生在甘肃武威大柳乡双树沟胡家南庄一户农民家里。父亲是长子，名瑜字静悟。父辈弟兄四人，按村子里的排行，分别行三、行四、行六、行七。四叔打少年时候就远走他乡；其余三弟兄住在一起，加上母亲、六婶，小辈子七人。所以升高小初中填履历，家庭一栏里写“十二亩地十二口人，成分中农”。父亲早年在兰州学中医，后在一地方军阀部队里当过军医，抗战结束后回家务农兼行医；新中国成立后被政府以民主人士身份吸收工作。1955年我到城里上高小，到他办公室去，才知道他是县政府卫生科长兼县医院院长。父亲忙，把我托付给县医院的挂号员马伯伯照管。马伯伯和我母亲同名同姓，都叫马国英。他家在兰州，独身一人在武威工作。他喜爱种花，墙上挂着古琴宝剑，有时还带我去寺庙访僧问道。他教我统计，到年末岁尾帮他打算盘，整理数据，画统计图。至今还记得他仙风道骨的样子。1957年，我考上武威三中。初一才上一学期不到，一天到父亲办公室，看到墙上门口贴满大字报，还有许多漫画。父亲对我说，看来我不能供你上学了，到岷县你四叔那里去吧。过完年，七叔把我送到岷县。后来父亲来信说，他被打成“极右”，开除公职。1961年“困难时期”他带上村子里几十号人到新疆伊犁种地去了。这一年，我考上岷县一中高中。岷县一中的大门上有民国时期的砖雕“省立岷县中学”题款，证明是一所有历史的学校，师资很强。教我们的语文的谢老师在上大学时，人民文学出版社就出过他的中篇小说集。另一位欧阳老师是黄埔军校出身。物理董老师原是西北师范学院讲师。另一位物理周老师据说当过阎锡山兵工厂的工程师。那年，班主任李璘老师刚从兰州大学历史系毕业。他对我们更像兄长，严厉并包容。1963年我们要高考了。谢老师建议我学文科，董老师劝我考理科，四叔让我继承父业考医科。我最后选择了理科，叔叔说不管了。高考前夕体检，县医院透视机器坏了，要到邻县宕昌去照X光，考场又在另一个县。没有盘缠，想放弃。李老师说，没商量，一定要去考。董老师悄悄把22元钱塞到我口袋里。李老师带上我们坐班车赴临洮赶考。一个月后，我的录取通知书第一个到县上。叔叔看我考上兰大，转怒为喜，亲自送我到学校。我学的是自然地理专业。大学第一课，是魏晋贤先生的《自然地理学》，只见他在黑板上写下数个不同文种的“地理”外文单词。然后用英语、法语、德语、拉丁语等等读上一通。滔滔不绝，两小时就讲一个单词。翻开书，课本上根本没有。方知高等教育和初等教育之差异。那是一个令人振奋的时期，兰大拥有国家级的校长教授。江隆基校长走过，你会感受到他的威严；赵俪生教授讲课，教务长都要去恭听。在大学得知，学习如攀登，为的是尽量占领制高点，只有那样，才能够高屋建瓴。在大学得知，独立思考是通向成功的捷径。正如乔布斯所说，“你的时间有限，所以不要为别人而活。不要被教条所限，不要活在别人的观念里。”1964年参加“四清”。工作队住在临夏一个叫铁家的村子里。吃派饭到一母女家庭，看到家徒四壁，土炕上没有被褥，连草席都铺不起。家中最豪华的摆设是两只擦得干干净净的玻璃酒瓶，从集市上捡来的。瓶子里插着从太子山采来的枇杷花，在透过破窗的阳光

老领导林草（左二）、俞华（左三）、汪玉良（左四），张掖，20世纪70年代

20世纪80年代出版社领导张九超同志与编辑们在一起。左起胡亚权、郭宝林、翟红梅、郑元绪、王化鹏、张九超、张润秀

光柱照耀下，闪闪发光。我方知什么叫贫困，什么叫对生活的向往。1966年“文革”开始，江校长被批斗不幸罹难，教授们进“牛棚”斯文扫地。作为学生的我，举拳头喊口号参加过批斗别人；作为班干部的我，又尝过戴上纸篓被别人批斗的滋味。亲眼目睹了，人性的恶一旦被释放会有何等可怕的后果。

1968年秋大学毕业，班上成分好的几人直接分配到单位，其余全部到部队农场接受解放军再教育。5385部队农场在安西。来自全国各地的应届大学毕业生上千人，分9个连队，分布在上百平方公里的戈壁滩上，由军人管理。我们来到安西布隆吉附近的二连报到，住在地窝子里。连长指导员男排长女排长是真正的军人，士兵是90名大学生，分编为9个班，每班有正副班长各一。我们自称为戈壁战士，身穿旧军装，肩扛铁锹，任务是修理地球，目的是改造思想。安西号称世界风库，传说一年只刮一场风，从正月初一刮到腊月三十。日子久了发现也有风停的时候，最多半个时辰，是风向逆转的间隙，如《红楼梦》王熙凤所言，不是东风压倒西风就是西风压倒东风。在横贯东西的河西走廊只有这两种风向。那风有多大？出早操女战士的军帽，如果不用曲别针固定，后果可能是，被顶头风吹到两里地以外，挂在骆驼刺上。如果到5公里以外的场部出差，遇上沙尘暴，返回时必须摸着电话线杆子走，不然会在戈壁滩迷路。晚上回连部，要盯着远方两盏高挂的马灯光亮走，那是我们二连的标志。不少出身城市的大学生后来把安西农场形容成炼狱，来自农村的我却不以为然，不觉得那里有多苦。相反，那一年半准军事生活历练，使我养成了守时自律、不畏艰险、无条件完成任务的好习惯。

一年半后，我们又一次被分到省农宣队金塔分队，继续接受贫下中农再教育。工作队员由省级单位抽调的干部和我们这些再次待分配的大学生组成。社员把每位队员统统称作组长，正如他们把供销社每位营业员称作主任那样。农民和地球人都知道，官衔使人快乐。组长们白天和社员一起劳动，吃派饭；晚上在生产队队部的煤油灯下给社员读报。当崴在炕旮旯灯影里的社员鼾声大作渐渐变成交响乐时，李组长便大声宣布：学习胜利结束，散会！我和生产队长的儿子成了好朋友。夏天的黄昏，两人躺在村头的粪堆上，仰望星空，任白杨树叶哗哗作响，何等享受。他说他最大的理想是当兵。我说，真不敢去想我的理想。一年后，他如愿光荣参了军。那年秋天，农宣队工作告一段落，一部分队员和大学生被留在所在地县。我十分荣幸地被分配到省城兰州的毛主席著作出版办公室。后来得知是农宣队副队长胡廷贵同志力荐的结果，理由有三：一是他妻身体不好，二是他自己生了重病，三是他能写东西。1971年9月，我回到兰州，没到单位报到就直接住进医院。在农村感冒引起的并发症没有得到及时治疗，浮肿到脖子和脑袋一般粗，住院一星期报了病危。命大，8个月后治愈出院，到单位上班。才知道毛办是局社店厂（甘肃省出版局、甘肃人民出版社、甘肃省新华书店、兰州新华印刷厂）合并而成的机构。我先后在书店本版科、内部书店、办公室、总编室从事过科员、秘书、售货员、内部刊物编辑等工作。1978年，最令我尊敬的上司之一，总编室主任韩志德同志有一天对我说，小胡，去你老家看看，最近有个复查平反错划“右派”的文件。我去了武威，找到县医院，一位当官模样的人事干部不言语直摇头。又找到统战部，部长说，我认识你父亲，怪他说话太直。几天后，父亲被平反。10年的补偿是400元人民币，此前我从来没有见过那么多的钱。这一年落实知识分子政策，调我到科技出版社，正式当上了编辑。这时，局社店厂早已分开，回归原处，甘肃人民出版社变成自主经营的事业单位。

1980年，出版社调来一位总编，他叫曹克己，陕西口音，矮个子，谢顶，戴近视眼镜，笑眯眯平易近人。他喜欢到各编辑室转，还喜欢在工间操时间打羽毛球康乐球。那时候官本位不浓，大家亲切地称他为“曹克”。老曹是老报人出身，来出版社之前是《甘肃农民报》总编辑。最近翻档案我才知道，1951年3月15日在《甘肃日报社》院子里，甘肃人民出版社成立，与《甘肃农民报》在同一幢小楼里办公。时为农民报编辑的他和出版社的创业者们同吃同住。后来出版社独立出来，几易其址，1979年出版社又搬回白银路与报社做回了邻居。老曹时隔三十年后来到他熟悉的出版社，是否有一种宿命或者渊薮。经过调查研究思考，老曹提出两点：一是办刊物，以刊养书；二是出

在王洛宾纪念馆前，郑元绪（左一）、介挺（左二）、胡亚权（左三），青海金银滩，2009年

敦煌书，办出甘肃特色。于是有了《读者文摘》《飞碟探索》《老人》《高考》《欢天喜地》。1980年我和郑元绪奉命筹办《读者文摘》。手续获批时，老曹问我还有啥要求？我请求：一、不把我俩放编辑室，最好搁在资料室；二、稿件不复审，直接由您决审。他居然答应了。个中缘由无非是减少行政层次，避开当时还颇有市场的“极左”思维，还可以逃离一点当时流行的半天开会学习。《读者文摘》在1983年经历了“精神污染”事件，曹克己同志直面困难敢于担当的精神体现了他高尚的人格。上世纪80年代，在他的领导下，甘肃人民出版社呈现了空前的繁荣。惜天不假年，1988年8月31日，曹克己同志因病逝世在任上，年仅六秩。追悼会规模空前绝后。治丧委员会让我撰写悼词。其中有一段话我至今记得：“生命是自然付给人类去雕琢的宝石，它的价值在于它的内容。内容充实的生命是最长久的生命，我们应以行为而不是以时间来衡量生命。曹克己同志的生命虽然短促，但它的价值和意义将永存人世！他孜孜不倦为之奋斗的一生，是一曲奋进者之歌”。时至今日，老曹在出版社的口碑，还无人能出其右。

1985年我调到甘肃少年儿童出版社当总编辑，郑元绪主持《读者文摘》编辑部工作，欢送会有点伤感。我说，你们会保住杂志的。过了不几天，老郑找我，直截了当地说：“我要拿你老胡换你们少儿社的一个人。”于是李一郎进了《读者文摘》编辑部。自那以后，彭长城做老郑的副手，加上高海军，后来的袁勤怀、刘英坤、李剑冰、孙永旭、张正敏、孙玉明等，十余人很齐心。《读者文摘》分印、树立品牌、实验上广告、通过报刊整顿。杂志成功度过初创期进入成长期，事业蒸蒸日上，发行量先后上了200万、300万两个台阶。最引人注目的是1993年，成功实施了《读者》改名。

在甘肃少年儿童出版社时期，我遇到了又一位让我敬仰的顶头上司林草同志。在出版社群众心目中，老林是老革命，严肃认真，坚持原则。在“文革”时期，因老革命的原因，身心俱受摧残，但他复出后从不提此事。他严厉，出版社年轻人工间操打球超时，他会大发雷霆；但很少有人知道他是一个球迷，热衷电视上的体育赛事，像中国球迷一般激动。他疾恶如仇，开大会训人毫不留情；主持起婚礼却诙谐幽默，人人兴高采烈。人们对他的敬重随着时间的推移加深加厚，因为他有表里如一言行一致的真性情，是一个真正的人，一个纯粹的人。甘肃少年儿童出版社基础由林草同志奠定，我接手后与薛文俊一起带领大家继续往前闯了8年。在甘肃少年儿童出版社的历史上，必须提到一位出色的编辑，他就是魏宏泽同志。老魏原是甘肃花儿研究专家，调入敦煌文艺出版社后组稿《孙进修演讲故事大全》，成为当年出版社的亮色。我到少儿社后，有一天老魏找到我，说“我就愿意跟上你老胡干”。我说求之不得呢。于是才有了后来少儿社《一千零一日》《纪伯伦全集》《谚海》《鞠萍讲安徒生童话故事》这些业绩。我在许多场合说过，老魏是出版社的“社宝”，历史会永远记住他的名字。忘不了老魏带我去中央民族学院拜会冰心先生的情景。冰心老人看着我们赠送的铜奔马说，“瞧，像玉一样！”我想，高龄的她眼神已不济。她女儿吴青在一旁说，母亲现在每天还坚持写一千字呢。冰心先生欣然用毛笔写下“甘肃少年儿童出版社”9个工整的小楷字，笔锋一如上世纪40年代严谨。

1993年，我奉命组建开发部，搞经营原是我的弱项，工作成绩乏善可陈。1994年春，张九超社长对我说，老郑要调走了，社里决定让你回《读者》主持工作。你的任务是一定要稳住杂志。我只提了一个要求：开发部要撤销了，请容许我带上陈泽奎、张涛、王祎同去。社长痛快答应。一如9年前的交接，老郑说，杂志保住了，接力棒交回。我想，下面的形势，“保”恐怕不是办法，出路只有一条——发展。1994—2000年期间，我和彭长城搭手，做了至少十五件事：一、成立读者杂志社，下设编辑部、经营部。二、征集《读者》刊徽，强化商标意识。请陈汉民先生设计了蜜蜂刊徽，加上赵朴初先生刊名题字和特定DUZHE汉语拼音字母组合，构成《读者》的LOGO，并注册成功。三、建立电脑排版室，实现足不出户完成录入、设计、排版、校对发排、电子传版等印前工作。四、建立《读者》数据库，保存宝贵的信息资源。五、在数据库基础上，设立查重系统，提高编校质量。六、建立图书资料室，主要供美术设计、编辑检索使用。七、杂志正式实施广告运营，逐步做到广告收入为主，杂志经营进入良性循环。八、发行坚持邮局主渠道，并逐步扩大分印点。九、建立每年编印发联谊会议制度，会上通报次年工作，协调业务，奖励先进。十、结合杂志性质审慎进行社会公益活动，方向定位在教育、环境保护、赈灾等长远项目。如向全国特级教师赠刊、保护母亲河活动。十一、建立以流程为中心的编印发管理体系。十二、建设以编校质量考核为标准的分配奖惩制度。十三、2000年《读者》由月刊改为半月刊。十四、创办《读者》子刊《读者·乡村版》。十五、率先实行招聘制，吸纳社内精英。所以我把这段以全面提速为特征的时段定义为发展期。还有几件夙愿未了，如：将《读者》改为全彩版、建设《读者》在线网、策划出版原创书刊。有些在后来实现或部分实现，那是在2001年彭长城主持工作以后的事。

我铭记曹克己、张九超、张正杰几任老领导对我的信任重用，深刻体会到遴选人才的重要。1996年，为了挖侯润章来杂志社，花了近两年时间。此后陆续有任伟、高茂林等进入编辑部。1999年，我提议《读者》在出版社率先采用招聘制，吸收了富康年、宁恢、张笑阳等优秀编辑，后来他们都成为杂志社的中坚。

你不能长期挡住别人的阳光。2001年，57岁的我卸下行政职务，任《读者》顾问。这一年我和王光辉、李伟杰、蒲安应一起，创办了《读者》的第二份子刊《读者欣赏》。《读者欣赏》的后任先后为王光辉、唐晓玲、王铁军。2005年我被聘为甘肃省人民政府参事。

说到这里，有必要把《读者》三十年的体制做一些说明。在20

世纪80年代，《读者》是甘肃人民出版社主办的一份不起眼的杂志。1980—1983年，《读者文摘》编辑部实际上是曹克己总编直辖的编辑小组，杂志上甚至没有主编和编辑署名。1993年后出版社成立期刊编辑室，主任张力。《读者文摘》划归期刊室管理。为加强领导，甘肃人民出版社副总编郭耀中分管《读者文摘》，后来形成甘肃人民出版社副总编分管杂志的惯例，这种体制不一定符合期刊出版管理条例，更多地体现了上级对杂志的掌控意志。后来的分管领导有周顿（主编）、王维新（兼主编）、陈绍泉（兼主编）、傅保珠（兼主编）。2003年彭长城首次以中层级别的身份出任主编，2005年任社长。2005年第一次设立《读者》总编辑，由陈泽奎出任，2006年为韩惠言。此间，陈泽奎、康力平先后出任常务副社长主持工作。2010年社长总编辑富康年，才算是归正于社。

读微博看到这么一段话："人生是一本书。有的写得精彩，有的写得平庸；有的写得厚道，有的写得轻薄；有的写得恢弘，有的写得小气；有的写得平顺，有的写得曲折；有的留下光彩，有的留下遗憾；有的留有思考，有的只剩空白。"我不对号入座，那是因为我不太擅长总结归纳自己，更无插草标出售自己的本领。我本一介平民，凡人一个。我的名片无头衔，只写"您的朋友"。那些劳什子纯属多余，知你者谙你底细，陌路之人管你是谁。但凡人有凡人的气度，凡人有凡人的境界，凡人有凡人的准则，凡人有凡人的尊严。凡人每天在做事，一样在书写历史。人生有三样东西不可挽回：时间、机遇以及说出去的话。这些都关乎历史。一个人几乎可以在任何他怀有无限热忱的事情上取得成功。我有成功吗？如果有些许成功的话，在这些成功里，必然有我父辈、师长、上峰、同事、朋友的身影，我得永久地感谢他们。这就是写下这篇后记的唯一理由。

（2011年柳绿时节于退读斋）